中宣部2020年主题出版重点出版物
中国脱贫攻坚故事丛书

中国脱贫攻坚

兰考故事

国务院扶贫办　组织编写

中国出版集团
研究出版社

图书在版编目 (CIP) 数据

中国脱贫攻坚 . 兰考故事 / 国务院扶贫办
组织编写 . -- 北京 : 研究出版社 , 2020.11
ISBN 978-7-5199-0626-9

Ⅰ . ①中… Ⅱ . ①国… Ⅲ . ①扶贫 – 工作经验 – 案例 –
兰考县 Ⅳ . ① F126

中国版本图书馆 CIP 数据核字 (2019) 第 088122 号

中国脱贫攻坚　兰考故事
ZHONGGUO TUOPIN GONGJIAN　LANKAO GUSHI

国务院扶贫办　组织编写

责任编辑：寇颖丹

研究出版社 出版发行
（100011　北京市朝阳区安华里 504 号 A 座）

保定市铭泰达印刷有限公司　新华书店经销

2020 年 11 月第 1 版　2021 年 8 月第 3 次印刷
开本：787 毫米 ×1092 毫米　1/16　印张：16.75
字数：221 千字

ISBN 978 – 7 – 5199 – 0626 – 9　定价：66.00 元

邮购地址 100011　北京市朝阳区安华里 504 号 A 座
电话（010）64217619　64217612（发行中心）

“中国脱贫攻坚故事丛书”编审指导委员会

“中国脱贫攻坚故事丛书”编写工作组

骆艾荣　阎　艳　吕　方　李海金　陈　琦

刘　杰　袁　泉　梁　怡　孙晓岚

《中国脱贫攻坚　兰考故事》编委会

主　　任： 蔡松涛

副 主 任： 李明俊　丁向东

执行主任： 吴长胜

执行副主任： 杨　峰　朱春艳　闫　玮

成　　员： 郭金良　陈趁义　胡良霞　闫　涛　邢国占

王伟锋　许愿成　李金雷

主　　编： 郭晋平

编　　辑： 朱西岭　张中利

摄　　影： 兰考县委宣传部　兰考县扶贫办

目录

CONTENTS

序言

PREFACE

中国脱贫方案的兰考实践

反贫困是古今中外治国理政的一件大事。消除贫困，改善民生，逐步实现共同富裕，是社会主义的本质要求，是中国共产党的重要使命。中国政府一直致力于消除贫困，特别是党的十八大以来，习近平总书记作出重要部署，指出“坚决打赢脱贫攻坚战，让贫困人口和贫困地区同全国一道进入全面小康社会是我们党的庄严承诺”，在全国范围全面打响了脱贫攻坚战。

铮铮誓言，催发14亿中国人奋斗不息，铸就辉耀千古的业绩。7亿多人脱离贫困，是中国政府取得的巨大成就，也向全球减贫事业贡献了中国脱贫方案。

河南是中国的缩影，贫困县的情况多样复杂，兰考极具代表性。兰考坐落于黄河之滨，长年饱受风沙、盐碱、内涝“三害”之苦。1962年，焦裕禄同志到兰考后，带领干部群众战天斗地，以实际行动铸就了“亲民爱民、艰苦奋斗、科学求实、迎难而上、无私奉献”的焦裕禄精神。之后的50多年，兰考人民顽强拼搏，接续奋斗，“三害”在兰考成为历史，但受限于底子薄、基础差，贫困始终是压在当地人民群众头上的“一座大山”。

2014年，习近平总书记把兰考作为第二批党的群众路线教育实践活动联系点，两次到兰考视察指导工作，将脱贫希望的种子播撒在了这片土地上，对兰考的未来寄予厚望。兰考县委作出了“三年脱贫，七年小康”的郑重承诺。

为了兑现承诺，兰考人民不断探索、反复实践，建立了党政齐抓共管机制，把“以脱贫攻坚统揽经济社会发展全局”落到实处；分类施策均衡推进，把“六个精准”落到实处；以改革创新破解关键制约，把“激发内生动力”落到实处；建强队伍树好导向，把“抓好党建促脱贫攻坚”落到实处。

兰考人民用三年时间，以习近平总书记关于扶贫工作的重要论述为指导，持续弘扬传承焦裕禄精神，以真干、实干、苦干的作风，以拼搏进取、克难攻坚的斗志，唤醒了兰考广大人民群众潜藏的巨大的内生动力，在全国率先摘掉了“贫困县”帽子，如期兑现了向习近平总书记作出的“三年脱贫”的庄严承诺，实现了焦裕禄同志当年“改变兰考贫困面貌，让百姓过上好日子”的夙愿。

兰考的脱贫之路是中国脱贫方案的最好实践。脱贫攻坚，让兰考由大干到大变，在古老的中原大地上绽放出绚丽光彩。

本书以图文并茂的形式，系统梳理了当地在脱贫攻坚实践中的好经验、好做法，真实再现了兰考的脱贫历程和拼搏状态，目的是让外界对兰考这片热土、这方百姓有一个深入认识。希望本书能给全国甚至全世界其他贫困地区脱贫带来一些启发。

拼搏兰考

扫一扫 立即下载

扫一扫全面了解兰考

扫一扫关注拼搏兰考 APP

开篇

Opening

兰考脱贫了

新中国成立前，我们党领导广大农民“打土豪、分田地”，就是要让广大农民翻身得解放。现在，我们党领导广大农民“脱贫困、奔小康”，就是要让广大农民过上好日子。

——习近平《在中央扶贫开发工作会议上的讲话》

（2015年11月27日）

2014年3月，中共中央总书记习近平来到兰考，兰考县委郑重许下了“三年脱贫，七年小康”的承诺。四年多来，当地为了践行这个承诺，一切工作都紧紧围绕这个中心进行。截至2016年年底，当地贫困发生率已经降到了1.27%。

为实现脱贫，2014年至2016年，兰考县共投入资金9.33亿元，其中专项扶贫资金4.15亿元、行业扶贫资金3.20亿元、社会扶贫资金1.98亿元，受益群众58.7万人次。经国务院扶贫开发领导小组第三方评估：兰考县综合贫困发生率降至1.27%，群众认可度98.96%，已经达到退出贫困县的相关标准。

2017年2月27日，经河南省政府批准，兰考县摘掉了“贫困县”的帽子。这里的人们用勤劳和智慧，终于摆脱了贫困，过上了先辈们梦寐以求的幸福生活。

河南省政府批准兰考退出贫困县的通知

兰考县参加全国脱贫攻坚表彰大会

人民广场举办第一届丰收节

兰考县获得脱贫攻坚组织创新奖

璀璨盛放的桐花

一张图看懂兰考脱贫

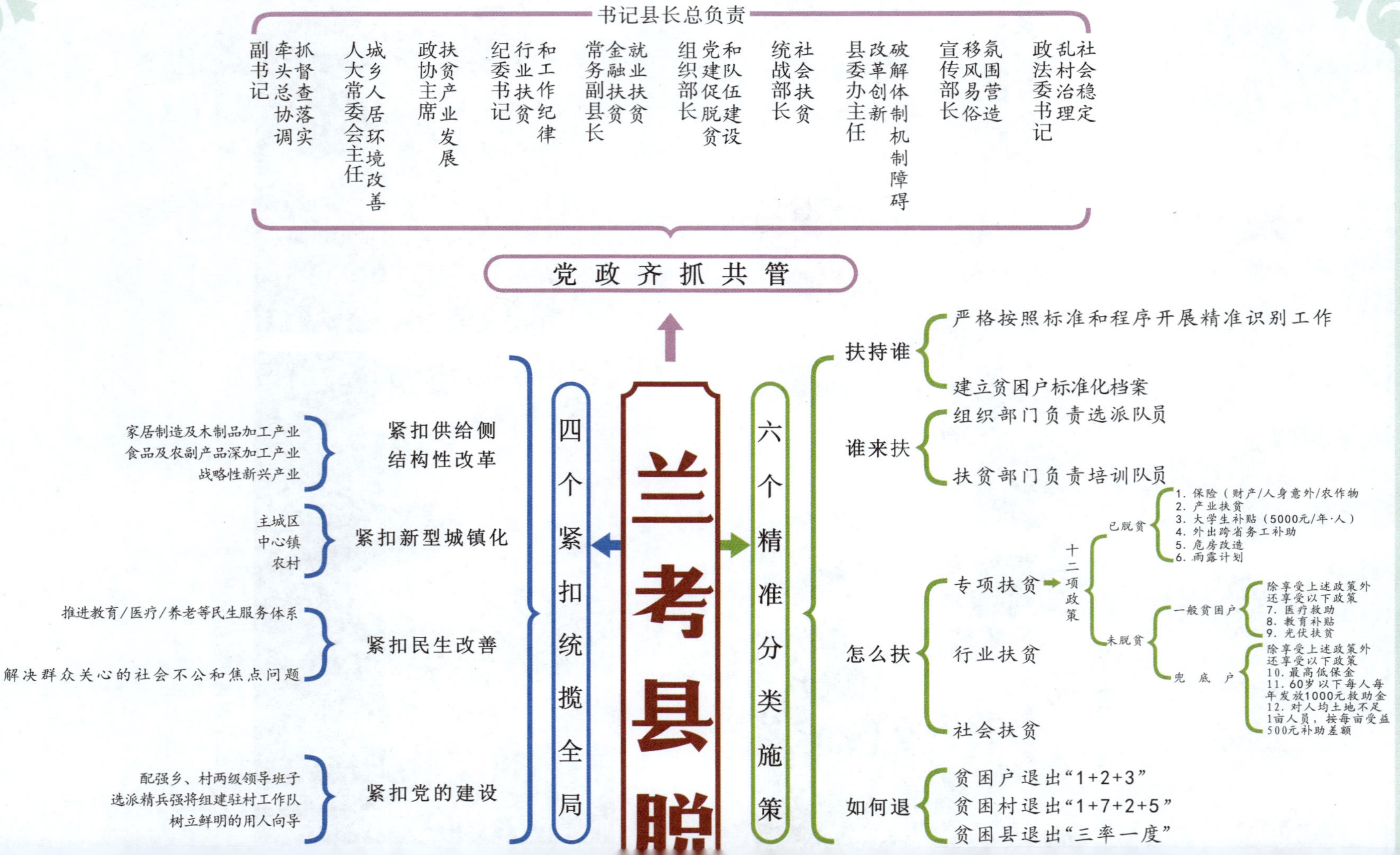
书记县长总负责
副书记
牵头总协调
抓督查落实
人大常委会主任
城乡人居环境改善
政协主席
扶贫产业发展
纪委书记
行业扶贫
和工作纪律
常务副县长
金融扶贫
就业扶贫
组织部长
党建促脱贫
和队伍建设
统战部长
社会扶贫
县委办主任
改革创新
破解体制机制障碍
宣传部长
移风易俗
氛围营造
政法委书记
乱村治理
社会稳定
党政齐抓共管
兰考县脱
四个紧扣统揽全局
紧扣供给侧结构性改革
家居制造及木制品加工产业
食品及农副产品深加工产业
战略性新兴产业
紧扣新型城镇化
主城区
中心镇
农村
紧扣民生改善
推进教育/医疗/养老等民生服务体系
解决群众关心的社会不公和焦点问题
紧扣党的建设
配强乡、村两级领导班子
选派精兵强将组建驻村工作队
树立鲜明的用人向导
六个精准分类施策
扶持谁
严格按照标准和程序开展精准识别工作
建立贫困户标准化档案
谁来扶
组织部门负责选派队员
扶贫部门负责培训队员
怎么扶
专项扶贫
十二项政策
已脱贫
1. 保险（财产/人身意外/农作物
2. 产业扶贫
3. 大学生补贴（5000元/年·人）
4. 外出跨省务工补助
5. 危房改造
6. 雨露计划
未脱贫
一般贫困户
除享受上述政策外还享受以下政策
7. 医疗救助
8. 教育补贴
9. 光伏扶贫
兜底户
除享受上述政策外还享受以下政策
10. 最高低保金
11. 60岁以下每人每年发放1000元救助金
12. 对人均土地不足1亩人员，按每亩受益500元补助差额
行业扶贫
社会扶贫
如何退
贫困户退出“1+2+3”
贫困村退出“1+7+2+5”
贫困县退出“三率一度”

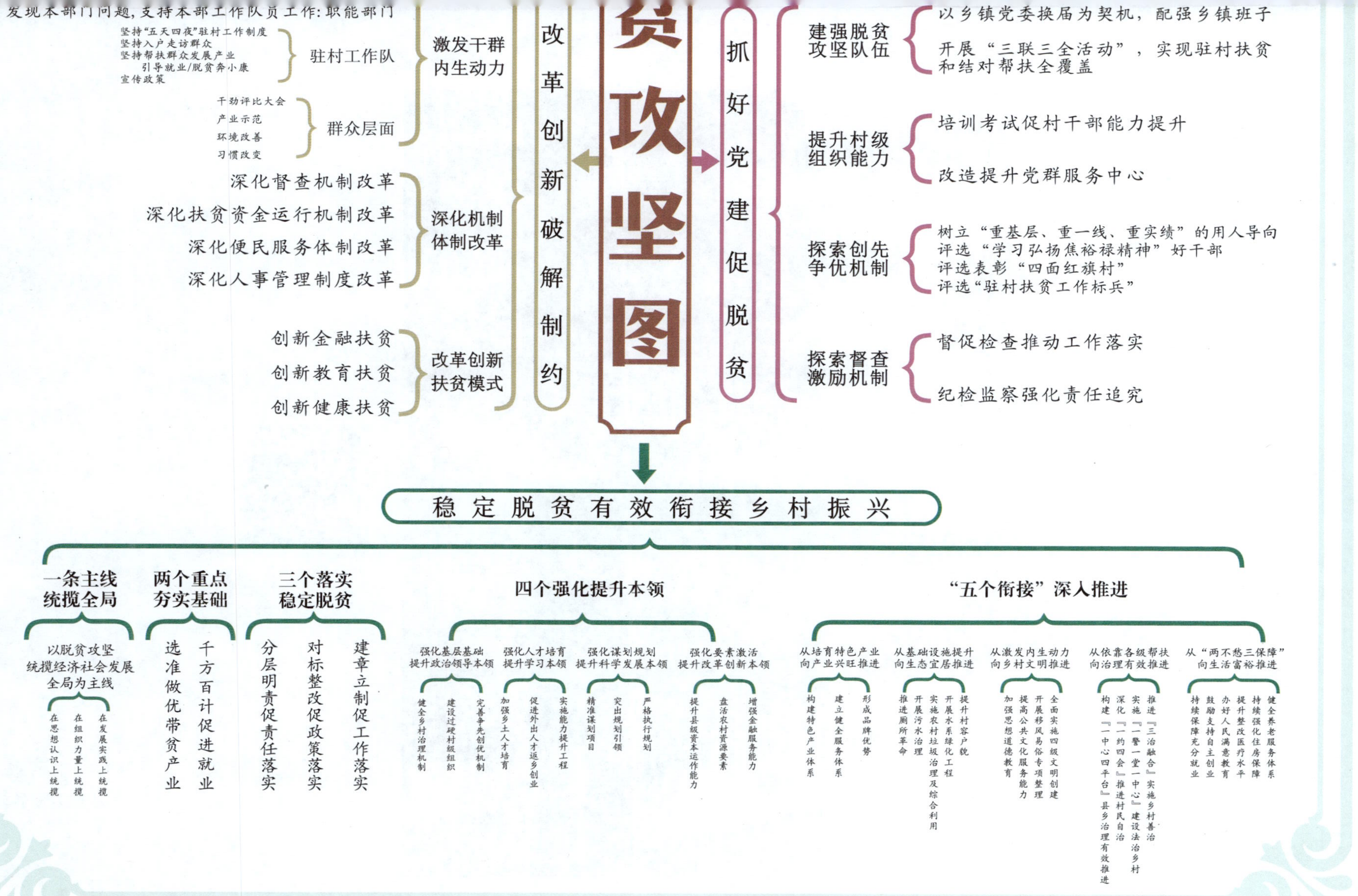
贫攻坚图
改革创新破解制约
激发干群内生动力
发现本部门问题，支持本部工作队员工作：职能部门
驻村工作队
坚持“五天四夜”驻村工作制度
坚持入户走访群众
坚持帮扶群众发展产业
引导就业/脱贫奔小康
宣传政策
群众层面
干劲评比大会
产业示范
环境改善
习惯改变
深化机制体制改革
深化督查机制改革
深化扶贫资金运行机制改革
深化便民服务体制改革
深化人事管理制度改革
改革创新扶贫模式
创新金融扶贫
创新教育扶贫
创新健康扶贫
抓好党建促脱贫
建强脱贫攻坚队伍
以乡镇党委换届为契机，配强乡镇班子
开展“三联三全活动”，实现驻村扶贫和结对帮扶全覆盖
提升村级组织能力
培训考试促村干部能力提升
改造提升党群服务中心
探索创先争优机制
树立“重基层、重一线、重实绩”的用人导向
评选“学习弘扬焦裕禄精神”好干部
评选表彰“四面红旗村”
评选“驻村扶贫工作标兵”
探索督查激励机制
督促检查推动工作落实
纪检监察强化责任追究
稳定脱贫有效衔接乡村振兴
一条主线统揽全局
以脱贫攻坚统揽经济社会发展全局为主线
在思想认识上统揽
在组织力量上统揽
在发展实践上统揽
两个重点夯实基础
选准做优带贫产业
千方百计促进就业
三个落实稳定脱贫
分层明责促责任落实
对标整改促政策落实
建章立制促工作落实
四个强化提升本领
强化基层基础提升政治领导本领
健全乡村治理机制
建设过硬村级组织
完善争先创优机制
强化人才培育提升学习本领
加强乡土人才培育
促进外出人才返乡创业
实施能力提升工程
强化谋划规划提升科学发展本领
精准谋划项目
突出规划引领
严格执行规划
强化要素激活提升改革创新本领
提升县级资本运作能力
盘活农村资源要素
增强金融服务能力
“五个衔接”深入推进
从培育特色产业向产业兴旺推进
构建特色产业体系
建立健全服务体系
形成品牌优势
从基础设施提升向生态宜居推进
推进厕所革命
开展污水治理
实施农村垃圾治理及综合利用
开展水系绿化工程
提升村容户貌
从激发内生动力向乡村文明推进
加强思想道德教育
提高公共文化服务能力
开展移风易俗专项整理
全面实施四级文明创建
从依靠各级帮扶向治理有效推进
构建『一中心四平台』县乡治理有效推进
深化『一约四会』推进村民自治
实施『一警一堂一中心』建设法治乡村
推进『三治融合』实施乡村善治
从“两不愁三保障”向生活富裕推进
持续保障充分就业
鼓励支持自主创业
办好人民满意教育
提升整改医疗水平
持续强化住房保障
健全养老服务体系

扫描二维码详看

《兰考，为了一份殷重的嘱托》

01

Chapter

兰考之问

我们应该给后人留下些什么？

我们要深入思考一个问题：焦裕禄在兰考工作时间并不长，但给我们留下这么多精神财富，我们应该给后人留下什么样的精神财富？

——摘自习近平 2014 年 3 月重访兰考时的重要讲话

是啊！到 2014 年，焦裕禄离开我们已经 50 多年了，“三害”治好了，但是兰考依然没有拔掉“穷根子”，甩掉“穷帽子”，很多老百姓照旧过着苦日子。2014 年 3 月 17 日至 18 日，习近平总书记在调研指导河南省兰考县党的群众路线教育实践活动时，对学习弘扬焦裕禄精神作出了重要指示，并结合兰考的发展和脱贫提出了上面发人深省的“兰考之问”。总书记的“兰考之问”引起了兰考广大干部群众的深思，兰考的穷根在哪？兰考的现状如何？兰考究竟应该怎么走？

第一节　兰考概况

兰考县区位示意图

兰考县城乡分布图

兰考县位于豫东平原，豫、鲁交界之地，处于开封、菏泽、商丘三角地带的中心，北依黄河，与山东省东明县接壤，东与商丘民权、山东省曹县交界，南与开封杞县相连，西与开封祥符区紧邻，西北与封丘、长垣两县隔黄河相望，是河南向山东开放的重要门户，距新郑国际机场 100 公里，距世界不冻港口连云港 450 公里。

兰考县贫困村分布图

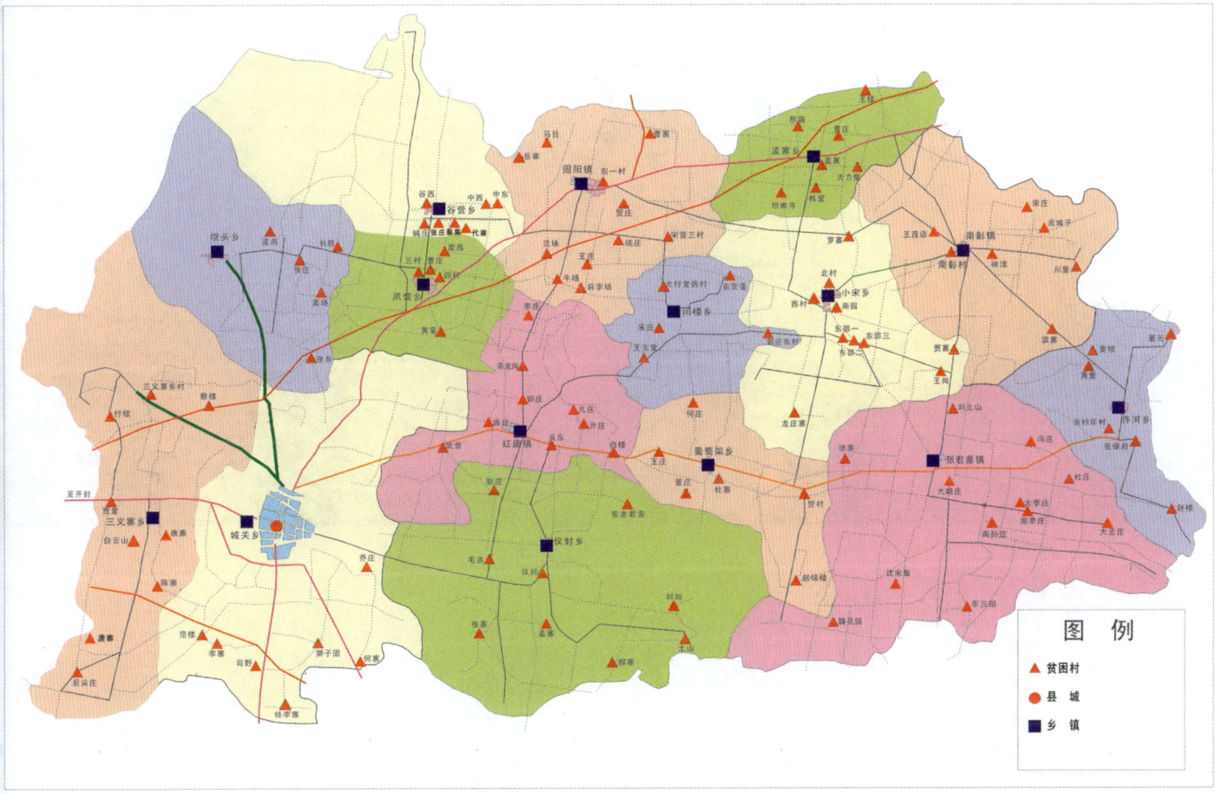

在东经 66°8′ 、北纬 34°8′ 左右，黄河流经豫东平原，拐了大大的一道弯，向东北流去，这里是兰考的地界，属于河南省的一个县。兰考县下辖 13 个乡镇、3 个街道、454 个行政村（社区），总面积 1116 平方公里，总人口 85 万，说北方方言的中原官话。在新中国成立前，这里的人们一直经历着数不胜数的战乱、灾害和贫穷。20 世纪 60 年代，上级派焦裕禄来到兰考开展工作，他带领兰考人民进行了艰苦卓绝的努力，找到了治理“三害”的方法，最后病逝于工作岗位。到 2014 年，兰考县有贫困人口 77350 人，贫困发生率 10%，仍有 115 个贫困村。

第二节　昔日兰考

“春天风沙狂，夏天水汪汪；秋天不见收，冬天白茫茫；一年汗水半年糠，交租纳税恨官堂；扶老携幼去逃荒，卖了儿和女，饿死爹和娘……”

这首民谣讲述的是兰考曾经饱受“三害”危害的悲惨情景。

1962 年侯寨村盐碱地原貌

1962 年赵垛楼村内涝情景

1962 年兰考县张庄村沙丘原貌

一、连年兵祸　生灵涂炭

兰考地处中原腹地，中国古语有“得中原者得天下”的说法，所以这里经常被战争“光顾”，历史上有据可查的大小战争达1500多次，土匪祸乱不计其数。每次战争过后，生灵涂炭，哀鸿遍野，百业萧条，万户流亡，大地一片荒凉。

1938年5月，为了阻挡日本侵略军南进的步伐，当时的国民政府统治者蒋介石下令炸开花园口，水淹河南、安徽、江苏三省，造成空前大灾难，兰考被滚滚而来的黄河水吞没，其惨状令人不堪回首。

二、黄河泛滥　兰考之殇

黄河是孕育中华民族灿烂文明的母亲河，流出黄土高原后，大量泥沙在下游沉积，形成了世界上著名的“地上悬河”。兰考县处于黄河的最后一道弯。在过去的近千年，黄河曾经在这个地方决口 143 次，大的改道 8 次，成为当地人民最大的威胁。每一次黄河决堤，都有无数的百姓被洪水卷走，他们的房屋、土地、财产被毁坏一空。

1933 年夏季，天降暴雨，连天不止。农历六月廿一中午，黄河在今谷营镇四明堂村北处决堤。洪水滔天，浪高过丈，沿途村庄被席卷一空，至今，当地还流传着民谣："六月二十一，打开南北堤，先淹考城县，后淹堌阳集，小宋、马目不用提，大王回头只一看，又淹一个兰通集。"据《兰考县志》载：这次黄河决口，淹田 34 万亩，全县 70% 的村庄过水，房屋倒塌 5.1 万间，财产损失不计其数。

三、"三害"肆虐　哀鸿遍野

除黄河水患外，由于气候影响，兰考冬春多 8 级以上大风，夏秋多暴雨，水过之后，盐碱严重。因此，当地人把风沙、内涝和盐碱称为"三害"。

1962 年春，兰考遭遇大风，连刮 73 场，最大风力超过 10 级。大风毁掉了 20 多万亩小麦，许多老百姓房倒屋塌，居无定所；这年夏秋，兰考又连降暴雨，淹掉红薯、玉米等庄稼 30 多万亩；秋收时节，又有 10 多万亩黄豆、棉花由于盐碱几近绝收。当时，成千上万的人特别是老人，被逼无奈，拉棍带碗逃出兰考，去外面要饭活命。焦裕禄刚到兰考上任时，曾亲眼看到堌阳公社刘楼村的一户农民，全部家当不值 7 元 5 角钱；三义寨村有一户农民，几口人只有一条裤子，谁出去谁穿，其余人只得躲在床上。

第三节　焦裕禄精神辉映兰考

1962 年冬天，正是兰考县遭受风沙、内涝、盐碱"三害"最严重的时刻，全县的粮食产量下降到了历年的最低水平，平均亩产仅 43 斤。这时，焦裕禄被派到兰考，任县委书记。

焦裕禄临危受命到兰考上任

焦裕禄上任后，走遍兰考大地，发现黄沙满天，到处都是白茫茫的盐碱地，都是推车挑担外出逃荒要饭的农民，这让焦裕禄心痛不已。他下定决心，一定要带领全县人民战胜自然灾害。在之后的一年多，焦裕禄靠一辆自行车和自己的双脚，走遍了 120 多个生产大队，行程 1250 多公里，通过深入调查研究，掌握了大量第一手资料，探索出了战胜自然灾害的途径。他所开创的水利工程，最终让 20 多万亩盐碱地变为良田；为治理风沙而大面积种植的泡桐，后来也成了闻名于世的民族乐器材料。

焦裕禄在兰考的四张工作照片

焦裕禄带领兰考人民种植泡桐治理风沙

为了解“三害”，起风沙时，焦裕禄带头去查风口，探流沙；下大雨时，他蹚着齐腰深的洪水察看洪水流势。他经常忍着肝部剧痛，卷起裤腿和群众一起翻地、封沙丘、种泡桐、挖河渠，直到住院前几天，他还挥舞铁锨在红庙公社葡萄架大队和群众一起劳动。在肝癌后期，他拿个鸡毛掸子、茶杯盖等物品顶着肝部坚持工作，常坐的藤椅右边都被顶出了一个大窟窿。1964 年 5 月 14 日，焦裕禄因肝癌逝世，年仅 42 岁。

焦裕禄带领群众一起治理沙地

焦裕禄发明的“贴膏药”

群众在一起讨论治沙办法

2014 年清明节，兰考
万名学生祭拜焦裕禄烈士

前来焦裕禄纪念馆
参观学习的干部群众

焦裕禄是共产党人的优秀代表、县委书记的榜样，他成为中国后来所有为官参政者学习的楷模，每一个到兰考工作的官员，都以焦裕禄为镜，不断对照自我，正是焦裕禄精神激励着兰考人民走上了摆脱贫困的道路。

第四节　习总书记情系兰考

2009 年至 2014 年，习近平同志三次调研兰考，总结出焦裕禄精神的“五个方面”“四种内涵”“三股劲”，鼓励兰考县的干部群众继续努力，争取过上幸福美好的生活。

2009 年 4 月 1 日，时任中共中央政治局常委、国家副主席的习近平专程到兰考拜谒焦陵，习近平把焦裕禄精神概括为“亲民爱民、艰苦奋斗、科学求实、迎难而上、无私奉献”，为怎样弘扬焦裕禄精神指明了方向。

2014 年，习近平两次来到兰考，并且在第二批党的群众路线教育实践活动中，把兰考作为联系点，对兰考今后的发展寄予了殷切希望。这一年 3 月 17 日，习近平来到兰考县东坝头乡张庄村，这是当年焦裕禄找到防治风沙良策并首先取得成功的地方。习近平叮嘱当地干部要带领群众艰苦奋斗，早日脱贫致富。3 月 18 日上午，在兰考县委常委扩大会议上的讲话中，习近平提出县域治理要“把强县和富民统一起来，把改革和发展结合起来，把城镇和乡村贯通起来”。

2014 年 8 月 27 日，在听取兰考县委和河南省委党的群众路线教育实践活动情况汇报时，习近平总书记称赞兰考“在各自岗位上学习弘扬焦裕禄同志‘对群众的那股亲劲、抓工作的那股韧劲、干事业的那股拼劲’”，使焦裕禄精神在兰考焕发了新的活力。

扫描二维码观看
《习总书记在张庄》

习近平总书记的鼓励和关心，让兰考的干部群众产生了空前的动力和信心，更加坚定了兰考人民决战脱贫攻坚的决心。

第五节 “兰考之问”拉开脱贫序幕

焦裕禄精神的不断鞭策，习近平总书记的亲切鼓励，再有多大困难，再有多少客观原因，兰考人都到了必须正视自身问题的时候了！

2009 年 5 月，徐光春在《三维视角瞰兰考》一文中，曾发出疑问：“改革开放已经 30 多年了，发展的机遇一波接着一波，发展的热潮一浪高过一浪，与兰考条件相似、位置相邻的长垣、山东曹县都抓住了机遇异军突起，为什么兰考还是发展的洼地？”徐光春认为除客观因素外，主观努力不足是制约兰考发展的最大障碍。

“我们要深入思考一个问题：焦裕禄在兰考工作时间并不长，但给我们留下这么多精神财富，我们应该给后人留下什么样的精神财富？”2014 年 3 月 17 日至 18 日，习近平总书记在调研指导河南省兰考县党的群众路线教育实践活动时，对学习弘扬焦裕禄精神作出了很多论述和要求，并结合兰考的发展和脱贫提出了发人深省的“兰考之问”。

2014 年 5 月 9 日，习近平总书记第三次来到兰考，参加并指导兰考县委常委专题民主生活会。焦裕禄之后的第 14 任县委书记王新军，针对总书记的“兰考之问”再次进行了深刻反省：守着焦裕禄精神这笔精神财富 50 年了，为什么兰考至今还顶着国家级贫困县的帽子？为什么兰考集体上访、越级上访还那么多，社会矛盾大事小事不断？扪心自问，我们的职责履行好了吗？

在这次民主生活会上，每位县委常委都进行了对照检查，开展了严肃认真的批评和自我批评，坚持问题导向，互相揭短亮丑，有的同志对照检查时几度哽咽流泪。当天的民主生活会一直开到深夜，县委常委班子成员红了脸、出了汗，县委也找到了存在问题的根本原因，即学得不到位、转得不到位、干得不到位。

习近平总书记的“兰考之问”如一记警钟，更似一缕春风，从此掀开了兰考人改变面貌、摘掉穷帽的脱贫攻坚大决战的序幕。

02

Chapter

兰考之干

统揽全局实现“精准扶贫”

坚决打赢脱贫攻坚战。让贫困人口和贫困地区同全国一道进入全面小康社会是我们党的庄严承诺。要动员全党全国全社会力量，坚持精准扶贫、精准脱贫，坚持中央统筹省负总责市县抓落实的工作机制，强化党政一把手负总责的责任制，坚持大扶贫格局，注重扶贫同扶志、扶智相结合，深入实施东西部扶贫协作，重点攻克深度贫困地区脱贫任务，确保到二〇二〇年我国现行标准下农村贫困人口实现脱贫，贫困县全部摘帽，解决区域性整体贫困，做到脱真贫、真脱贫。

——习近平《在中国共产党第十九次全国代表大会上的报告》

（2017 年 10 月 18 日）

习近平总书记关于扶贫工作的重要论述，为全国脱贫攻坚指明了目标方向，也提供了根本遵循。全国各地也在这一过程中经历了由浅入深的脱贫攻坚实践之路，成绩斐然，但也经历了挫折坎坷。因此，正确领会并深刻把握习近平总书记关于扶贫工作的重要论述，是扎实推进脱贫攻坚的关键。

第一节　倾听民意

一、"四个紧扣"践行"三起来"

习近平总书记强调，要把脱贫攻坚作为"十三五"期间头等大事和第一民生工程来抓，坚持以脱贫攻坚统揽经济社会发展全局。当前，由于多种原因，各地脱贫摘帽压力很大。有些贫困地区把脱贫攻坚当成一项重点工作任务来完成，站位经济发展和社会治理全局，通盘考虑、系统谋划往往不足；有些贫困地区片面地把脱贫攻坚工作部门化，工作压力、工作任务不均衡，造成主要领导、分管领导和部门全力抓，其他领导和部门围观看的失衡局面，合力不够，效果往往事倍功半。这些问题，在扶贫开发初期，兰考和各地一样，都曾经历过、困惑过，也走了不少弯路。

兰考县脱贫攻坚工作推进会

在脱贫攻坚过程中，全县上下深入贯彻落实习近平总书记调研兰考时提出的“把强县和富民统一起来，把改革和发展结合起来，把城镇和乡村贯通起来”的重要指示精神，充分认识到，脱贫攻坚是习近平总书记治国理政的重要内容之一，是贫困地区摆脱贫困、全面建成小康社会的战略安排，也是赢得民心、夯实执政基础的重大举措。兰考必须把习近平总书记关于扶贫工作的重要论述落实到县域科学发展、有效治理之中，在思想上想明白、政治上高站位，深刻领会开展精准扶贫精准脱贫的重大战略意义，调整县域发展思路，优化产业发展布局，厘清提高城镇化路径，改善民生，以精准的理念推动各项扶贫措施的有效落实，进一步转变干部的工作作风，密切党群干群关系，不断提升广大群众对党委政府的满意度，真正以脱贫攻坚统揽经济社会发展全局。

因此，在制定全县脱贫攻坚战略规划时，兰考做到了“四个紧扣”：紧扣责任分工，切实提升齐抓共管合力攻坚的水平；紧扣供给侧结构性改革，选准县域发展的主导产业；紧扣新型城镇化，加快改变城乡整体面貌；紧扣民生改善和群众诉求，不断提高群众满意度和幸福感。

二、倾听回应人民心声

以习近平同志为核心的党中央把人民对美好生活的向往作为奋斗目标，把增进民生福祉作为发展的根本目的。打赢脱贫攻坚战，必须坚持以人民为中心的发展思想，在幼有所育、学有所教、病有所医、老有所养、住有所居、弱有所扶上不断取得新进展，让群众经常看到变化、得到实惠、感到幸福，为打赢脱贫攻坚战、全面建成小康社会不断凝聚民心、汇聚民智。

全面实现脱贫，全面建成小康社会，在保持经济快速健康增长的同时，更重要的是认真落实“以人民为中心”的发展思想，在制定政策、执行政策时始终把“群众生活只能过得更好”作为一种底线思维。兰考县在脱贫攻坚实践中，满怀感情倾听人民呼声、回应人民期待，以保障和改善民生为重点，

2015 年 7 月，河南省人大常委会副主任段喜中到兰考县参加改革发展和加强党的建设综合试验示范县总结大会

河南省扶贫办主任史秉锐到兰考县考城镇调研

解决好人民群众特别是困难群众最关心最直接最现实的民生问题，得到了广大群众的积极拥护。时任河南省人大常委会副主任段喜中、河南省扶贫办主任史秉锐也多次到兰考调研，倾听民意，帮助兰考解决实际问题，改善民生。

三、牢记使命统揽全局

2014 年 8 月，习近平总书记在听取兰考县委和河南省委党的群众路线教育实践活动情况汇报时，充分肯定了河南省学习弘扬焦裕禄同志对群众的那股亲劲儿、抓工作的那股韧劲儿、干事业的那股拼劲儿，使焦裕禄精神焕发了新的活力。

兰考县在脱贫启动之初，就以“三股劲”砥砺党员干部要不忘初心、牢记使命，补强“精神之钙”，筑牢“作风之基”，这样才能赢得党心民心，闯

农村干部学院扶贫干部培训班举行开班仪式

出一条决胜贫困之路。对河南来讲，打赢脱贫攻坚战，必须持续学习弘扬焦裕禄同志的“三股劲”，激发广大党员干部敢于担当，勇挑重担，克难制胜，以统揽全局之势，为打赢脱贫攻坚战、全面建成小康社会努力奋斗。

第二节　科学摸排

一、“过筛子”摸家底精准识别

如今的县委巡察办副主任王威，曾经是小宋乡王岗村驻村工作队队长兼第一书记。2015 年 9 月的一天，王威突然召集村“两委”班子开会，并要求通知每个组 10 到 20 户村民参加会议，这些村民的家庭条件需包括贫富不等几类人群。

在农村贫困户的认定上，往往可能会因为村干部的私心，导致相对不贫困的被评上了贫困户，而真正的贫困户却没能被认定。

为防止走漏风声，王威在通知开会时给出的理由是——大家过来开个会学习政策。

大概一百来人到齐后，王威挨个点名。点完名，他突然话锋一转，把村“两委”班子的干部统统请出会场。

关上门，每个人面前放上一杆笔和两张纸。

王威开门见山：“今天把父老乡亲请过来，只有一个事儿。我们通过这些天的走访，发现咱们村里有很多群众对目前的贫困户认定有异议。咱们今天的会议只有一项内容，选出你认为咱们村最穷的群众。”

担心村民扎堆投票，王威接着强调说：“今天不要扎堆，不要他写个啥你也写啥。我是要一户一户去看的，你们在座的谁过得怎么样，我心里都有数。”

“王队长，我们投票选出来的，你敢不敢定？”人群中有人喊话。

王威坚定地说：“当场投票、当场唱票、当场公布结果。一切在阳光下运行。”

兰考县集中力量对精准摸排后的贫困人员进行统一录入

经此一事，王岗村清退了 19 户贫困户，又新增了 9 户贫困户。王威本人，也得到了村民的一致好评。

精准识别是精准扶贫、精准脱贫的前提和基础。2014 年建档立卡时，由于对精准扶贫精神认识不到位，在贫困户认定上不同程度存在分指标、定任务、村干部优亲厚友等现象，导致贫困户识别不准，群众对此很有意见。

兰考县扶贫办工作人员在一线调查贫困数据

针对这些问题，兰考县认真研究习近平总书记在贵州集中连片特困地区扶贫攻坚座谈会上提出精准识别的重要意义和具体要求，先行一步，主动开展精准"再识别"，按照"应进则进、应出尽出、应纠则纠"的原则，组织驻村工作队员、包村干部、村干部，对全县所有行政村逐户逐人过筛子，集中将识别结果及时录入建档立卡信息系统，为因村因户因人施策提供了依据。

二、"三张表"见证"兰考态度"

2016 年 4 月，按照省里的统一部署，兰考又集中开展了精准识别"回头看"，进一步提高了贫困户识别的精准度。同时，围绕"六个精准"，开展标准化档案建设，实现了一户一个编号、一户一个档案。

"一户一档"的建立，细化了贫困户各项信息指标，明确了帮扶责任人、帮扶措施，记录了脱贫过程及成效，成为兰考精准施策全过程最基础的资料。在具体实施执行"回头看"过程中，兰考制作了"三张表"，要求所有人员都要严格落实这"三张表"，从调查、登记、录入等环节都要做到真实、精准，通过这"三张表"，我们可以看到兰考在脱贫攻坚过程中认真负责、

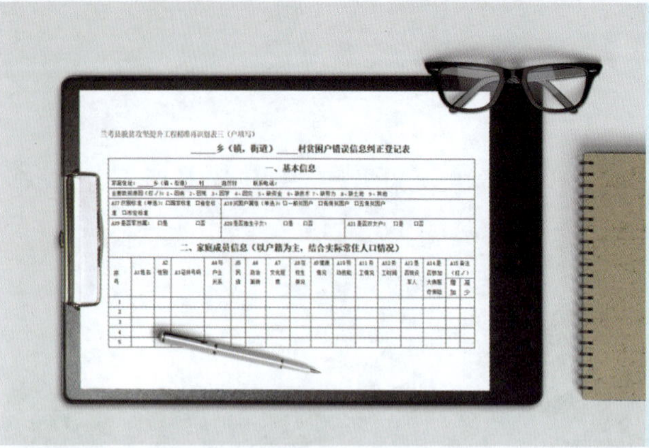

《贫困户错误信息纠正登记表》

《未进库贫困户信息采集表》

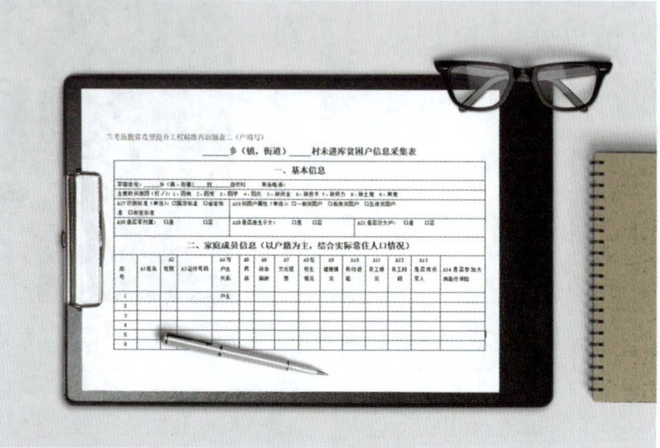

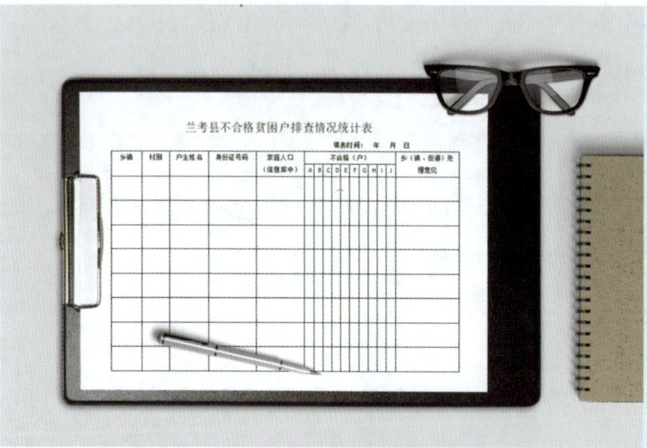

《兰考县不合格贫困户排查情况统计表》

较真碰硬的态度。

在脱贫之后的“稳定脱贫奔小康”阶段，兰考仍然要求工作队要认真坚持“五天四夜”工作制；要积极学习，主动请教，学深学透扶贫工作政策知识和有关标准程序，做到内化于心、熟练掌握；要熟知建档立卡户一户一档全部内容，准确掌握三年的脱贫情况和当前未脱贫情况，做到滚瓜烂熟、脱口而出；要严格对照建档立卡户实际情况，对扶贫档案逐项审核、有错必纠、查漏补缺、及时完善，做到规范齐全、准确真实；要坚持入户走访常态化，对所有建档立卡户全部走访到位，对脱贫户持续帮扶，对兜底户关心关爱、兜底兜到位，对未脱贫户精准施策重点帮扶，做到工作队与群众双向认知度和满意度达到 100%。

三、“问题导向”开药方治穷根

习近平总书记强调，扶贫开发贵在精准，重在精准，成败之举在于精准。“六个精准”着重解决的是“扶持谁、谁来扶、怎么扶、如何退”的问题，这其中“扶持谁”和“如何退”的要义在于工作认真、群众认可，真正难点在于“谁来扶”“怎么扶”。

兰考紧紧围绕习总书记提出的“六个精准”，以问题为导向，深入研究，综合施策，靶向治疗，以较真促认真，以碰硬求过硬，切实把精准要求落实到脱贫攻坚各个环节。2014 年 5 月，兰考县委、县政府制定了《兰考县三年脱贫攻坚规划》。

在工作启动之初，兰考就把精准扶贫作为新阶段扶贫开发的主攻方向，瞄准最贫困的乡村、最困难的群体、最急需解决的问题，坚持因人因地施策、因致贫原因施策、因贫困类型施策，做到对症下药、精准滴灌，“识真贫、扶真贫、真扶贫”，不搞大水漫灌、大而化之。

在脱贫攻坚过程中，兰考大力传承弘扬焦裕禄同志的“亲民爱民”精神，围绕让改革发展成果更多更公平惠及全县人民，积极推进民生事业建设，着力构建公共服务体系，民生整体水平进一步提升。同时，围绕群众反映的焦点问题，分出轻重缓急，逐一挂账解决。

围绕群众关心的出行不畅等问题，兰考集中开展了国省县乡道沿线违法占地、违法建设专项整治，同步跟进规划建设，修复加宽路肩，配套安装路灯，农村私搭乱建现象得到有效遏制，群众出行更加便捷。

围绕群众期盼解决的“守着黄河用不上黄河水”的问题，经过多次实地调研，采取“西引、东补、南北提”等有效措施，对全县的水利工程进行了提升改造，不仅解决了农业灌溉用水问题，还有效补给了城市水源，并为发展水产养殖促进群众脱贫致富打下了基础。

围绕群众热议的非法加油加气站背后隐藏的社会不公等问题，兰考果断出手，用不足一个月的时间，对全县238家违法加油加气站连根拔除，彻底消除了群众身边的安全隐患，打掉了非法利益的保护伞，群众拍手称快。

围绕群众业余文化生活贫乏的问题，兰考拆除了每个行政村村委会的围墙和大门，建设了300—1000平方米不等的文化活动广场，架起了广场灯，安上了大喇叭，同步建设了超市、卫生室、水冲式厕所等配套设施。现在一到晚上，广场上人声鼎沸，村委会成了全村最热闹、群众最愿意去的地方。

围绕群众反映的办事难问题，兰考健全县乡村三级便民服务体系，提高了服务质量，提升了服务效率，让群众在家门口就可以办事。这一件一件的实事好事，进一步提升了群众的满意度、幸福感，赢得了群众的普遍认可和点赞。

在稳定脱贫之中，兰考仍然坚持问题导向，紧紧围绕全县稳定脱贫工作

扶贫工作队员逐户了解贫困群众需求和满意度

重点问题清单与整改台账，查实找准问题，深入分析原因，逐项逐条制定具体可行的整改措施，建立问题整改台账。按照时间节点，倒排工期，对问题一村一村查找，对档卡一户一户校准，对帮扶一项一项抓实，对资金一笔一笔审核，对政策一条一条落地，对责任一级一级到人。实现贫困户识别零差错，贫困户退出零差错，扶贫资金使用零差错，确保精准度明显提高，认同度明显提高，满意度明显提高，最终实现工作成效让群众更加满意，脱贫结果让群众更加认可。

第三节　排兵布阵

一、政府主导“551”，贫困户全覆盖

“落实精准识别、分类帮扶，光靠扶贫办这几个人是无论如何也办不到的。”时任兰考县扶贫办副主任黄海龙说，“是驻村工作队把每个贫困户的情况摸清摸透了”。

“毫不夸张地说，全县115个贫困村的345名工作队员，都扎扎实实‘铆’在了帮扶村，真正做到了每个贫困村都有帮扶工作队、每个贫困户都有帮扶责任人，不脱贫，不脱钩。”兰考县县长李明俊介绍说。

“实现脱贫是兰考当前最大的政治。我们要汇全民之智、举全县之力，实施脱贫攻坚，甩掉贫困县的帽子。”兰考县委书记蔡松涛说。

兰考县在脱贫攻坚中坚持政府主导，把脱贫攻坚与经济社会发展统筹谋划，把脱贫攻坚作为各项工作的“重中之重”强力推进，不折不扣落实党政“一把手”扶贫责任制，逐级签订责任书，实行台账管理，形成了人人关心扶贫、人人关注扶贫、人人支持扶贫的良好局面。

落实三年脱贫攻坚规划，兰考县委、县政府有着清晰的思路，就是“五轮驱动”“五级联动”和“一支队伍”。

扶贫工作队员分批次进行业务培训与学习

“五轮驱动”就是政府推动、市场拉动、农户主动、科技带动、金融撬动；“五级联动”就是县扶贫领导小组、县直部门、乡镇领导班子、村“两委”及驻村工作队和贫困农户互联互动；“五轮驱动”“五级联动”是工作原则和工作方法，而要真正把脱贫攻坚的任务落到实处，还必须有一支能征善战的干部队伍。

“一支队伍”，就是通过县领导包乡、县直部门包村、工作队驻村、党员干部包贫困户，层层落实帮扶责任，锻炼出一支坚强的脱贫攻坚党员干部队伍。充分发挥驻村工作队在精准扶贫、精准脱贫中的作用，是兰考的成功经验。

兰考明确了县乡两级干部分包贫困村和贫困户制度，处处体现领导带头。脱贫百日攻坚期间，县级干部带头，每周至少在联系的贫困村住上一夜，召开由群众代表和贫困户参加的座谈会，听取他们的意见和建议；入户摸情况、理思路。带动乡镇干部、驻村干部在精准扶贫上掏真劲、实打实，形成了“领导领着干、干部抢着干、群众比着干”的局面。

县委组织部出台了驻村工作队的派驻、管理、考核办法，实行科级干部当队长、科级后备干部当队员；后备干部不愿驻村的，取消其后备干部资格；驻村考核连续两年优秀的，优先提拔任用；所驻村面貌变化不大，或违反纪律、考核不合格的，在干部使用时不予提拔重用。

脱贫攻坚期间，兰考县组织了 54 名县级干部、567 名科级干部、3000 多名在职党员对 115 个贫困村、5729 户贫困户开展联系帮扶，做到了“脱贫攻坚没有局外人”，实现了联系帮扶“全覆盖”。

二、让“一线扶贫干部”一心扶贫

为保证驻村干部能沉下身、安下心开展驻村工作，调动驻村干部投身扶贫的热情和干劲，兰考县委县政府从四个方面给予保障激励。

第一，保证驻村干部真正能脱岗驻村。驻村干部能不能脱岗，关键要靠

驻村工作队员吃住在农村

派出单位的支持。工作队派出单位必须无条件支持队员脱岗驻村，凡是以单位业务繁忙为由影响工作队员驻村的，单位“一把手”要向县委作出检讨。

第二，落实工作队员驻村待遇保障。工作队员驻村期间原单位待遇不变，并按照每人每天60元的标准，由县财政统一发放驻村补助，消除工作队员后顾之忧。同时，明确要求所在单位必须为驻村工作队员购买配备被子、褥子、蚊帐以及锅碗瓢盆等生活必需品，保证驻村工作队员能够在村里正常生活。

第三，强化责任落实。脱贫攻坚期间，制定《关于进一步加强驻村工作队管理的意见》《兰考县驻村扶贫工作考核办法》《兰考县驻村党组织第一书记管理办法》，建立驻村第一书记工作实绩台账，坚持实行请销假、驻村民情日志调阅等制度，强化对扶贫干部的日常管理。

第四，健全创先争优机制。开展“驻村扶贫工作标兵”评选，荣获标兵称号的，在符合条件的前提下优先提拔重用，用正确的导向激励驻村干部。脱贫攻坚期间，兰考先后开展了两次“驻村扶贫工作标兵”评选活动，共评选出70名标兵。这70名标兵，既是其他驻村干部学习的榜样，也成了全县脱贫攻坚的专家。经过脱贫攻坚的锤炼，70名标兵全部得到了

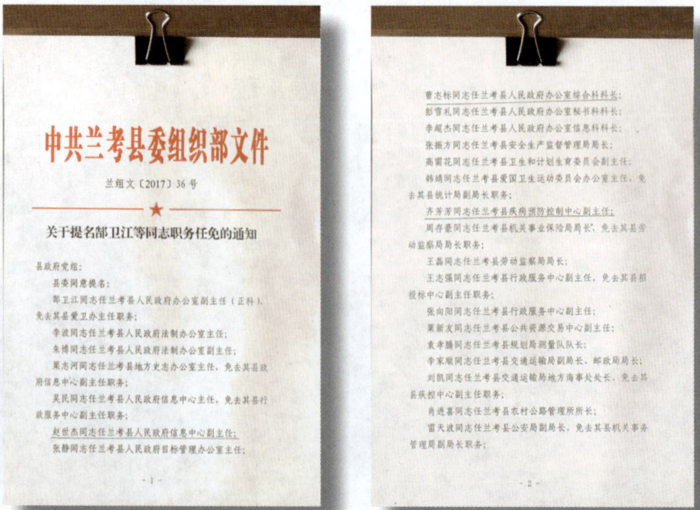

中共兰考县委组织部文件

兰组文〔2017〕36号

关于提名郜卫江等同志职务任免的通知

县政府党组：

县委同意提名：

郜卫江同志任兰考县人民政府办公室副主任（正科），免去其县爱卫办主任职务；

李波同志任兰考县人民政府法制办公室主任；

朱博同志任兰考县人民政府法制办公室副主任；

栗志河同志任兰考县地方史志办公室主任，免去其县政府信息中心副主任职务；

吴民同志任兰考县人民政府信息中心主任，免去其县行政服务中心副主任职务；

赵世杰同志任兰考县人民政府信息中心副主任；

张静同志任兰考县人民政府目标管理办公室主任；

- 1 -

曹志标同志任兰考县人民政府办公室综合科科长；

彭雪礼同志任兰考县人民政府办公室秘书科科长；

李超杰同志任兰考县人民政府办公室信息科科长；

张振方同志任兰考县安全生产监督管理局局长；

高雷花同志任兰考县卫生和计划生育委员会副主任；

韩婧同志任兰考县爱国卫生运动委员会办公室主任，免去其县统计局副局长职务；

齐芳芳同志任兰考县疾病预防控制中心副主任；

周存豪同志任兰考县机关事业保险局局长，免去其县劳动监察局局长职务；

王磊同志任兰考县劳动监察局局长；

王志强同志任兰考县行政服务中心副主任，免去其县招投标中心副主任职务；

张向阳同志任兰考县行政服务中心副主任；

粟新友同志任兰考县公共资源交易中心副主任；

袁孝腾同志任兰考县规划局测量队队长；

李家顺同志任兰考县交通运输局副局长、邮政局局长；

刘凯同志任兰考县交通运输局地方海事处处长，免去其县疾控中心副主任职务；

肖进喜同志任兰考县农村公路管理所所长；

雷天波同志任兰考县公安局副局长，免去其县机关事务管理局副局长职务；

- 2 -

兰考县重用扶贫干部相关文件（横线处为提拔的扶贫干部）

提拔重用。

兰考官方数据显示，2015 年 1 月—2017 年 3 月脱贫攻坚期间，兰考县共提拔重用科级干部 196 人，其中，从脱贫攻坚一线选拔重用干部 132 人（提拔 108 人，重用 24 人），占同时期提拔重用干部总数的 67.35%。

三、乡党委书记：做好“地基中的钢筋”

兰阳街道党工委书记王凤普清楚地记得，2014 年 3 月 17 日晚，习近平总书记到焦裕禄干部学院看望学员时的情景。几位乡镇“一把手”先后向习近平总书记汇报工作，时任小宋乡党委书记的王凤普也是其中一人。他记得，习近平总书记非常平易近人，并跟他们说，“乡村处在贯彻执行党的路线方针政策的末端，是我们党执政大厦的地基，在座各位可以说是这个地基中的钢筋，位子不高但责任很大”。

小宋乡曾是兰考最贫困的乡镇之一。来到小宋乡后，王凤普力推肉鸭养殖产业，帮助贫困户脱贫。

2015 年 8 月的一天晚上 10 点多，暴雨突如其来。王凤普突然接到东部二村一位村干部的电话：不好了，王书记，我们村停电了！

停电这天，15 座鸭棚刚进满鸭苗，整整 7.5 万只。如果没有光亮，这些鸭苗就会因互相挤压而被踩死。对于利用贷款和补助款养殖肉鸭的贫困户来说，这是不可想象的灾难。

王凤普连忙给供电所打电话。对方答复，因为雷雨天气，村里的变压器烧坏了，至少需要五六个小时才能抢修好。他又连忙打电话给邻村寻找发电机，但一时没能找到。

王凤普随即带人开车直奔县城，并嘱咐养殖户先用手电筒给鸭苗照亮。40 多分钟后，王凤普等人赶到县城。此时，农贸机械店都已关门。几个人分头挨家敲门，终于敲开了一家，王凤普当机立断买下两台发电机。

停电不到两个小时，发电机就被送到了养殖场，15 个大棚的灯一下子

王凤普与贫困户在鸭棚里商讨脱贫思路

亮了起来，受惊的小鸭子们迅速恢复了平静。王凤普长舒了一口气。几十天后，这批鸭子顺利出栏，一共赚了 15 万多元。

让王凤普欣慰的是，在这些赚到钱的养殖户中，他曾三次上门、由于孩子患脑癌而背负十几万债务的张超群家养得最好，赚了 1.2 万元。

四、村支部书记：屡败屡战闯出“甜蜜生活”

李永建，2011 年 3 月担任葡萄架乡杜寨村党支部书记。当时的杜寨村，有 312 户 1298 人，贫困户 70 户 225 人；耕地面积 998 亩；村“两委”班子成员年龄偏大、思想陈旧、凝聚力不强。这既是一个贫困村，又是一个软弱涣散村。

为了摘掉贫困村的帽子，李永建带领村“两委”干部养过牛、养过羊、搞过无土栽培、种过杭白菊，但都以失败告终，村干部士气低落，群众更是嘲笑声一片，但李永建没有认输！“这么多产业，我就不信没有一个适合杜寨！”

屡战屡败的李永建没有放弃，2016 年 2 月，他与扶贫工作队外出考察脱贫项目，发现蜜瓜种植这个产业不错，周期短、见效快。

3 月 12 日，他与村委会主任孟继生带领贫困户朱震利用到户增收资金种植了两个棚搞试验。当时没有技术、没有经验，他就聘请省农科院的专家常高正到村进行指导。因为种植面积太小，专家只能偶尔来一次，大多时间都是在网上进行指导。

经过两个半月的悉心照料，5 月 29 日，两棚蜜瓜丰收了，瓜的糖度达到 20 个合格指标，口感非常好。当时村“两委”和工作队看到了希望，就下定决心，把蜜瓜产业作为杜寨村的脱贫产业发展方向。

6 月 5 日，杜寨村召开党员大会，对蜜瓜种植前景进行了分析，李永建介绍了两个试验棚的种植情况，鼓励群众参与到蜜瓜种植产业中来。但前几次的失败经历，让群众不敢轻信这个种植项目，几乎没人响应。有些群众认为一次的成功也许是侥幸，想在兰考种蜜瓜简直就是异想天开。“要想穷、盖大棚”，“在盐碱地上种蜜瓜，做梦了吧”！看热闹的、泼冷水的比比皆是。

“只有自己种了、收益了，群众看到真金白银，才敢跟你干！”于是，李永建再次动员村干部，当月就带领村干部昼夜苦干，到月底时新建了 45

杜寨村党支部书记李永建
和村民们在查看蜜瓜长势情况

座大棚。

6 月 25 日，李永建带领村干部和工作队到省农科院去购买种子。但是只有种子还不行，育苗要到安阳内黄县。于是，他们当机立断开车就赶往安阳内黄。由于天气炎热，在高速路上汽车发动机出现了故障，他们在高速路上推车推了一个多小时。汗流浃背的大家心灰意冷，认为开头都不顺，心里很不是滋味，脚步也越来越沉重。在高速路口，李永建坐在地上开了个临时会议：这点困难算什么，以后我们会面临更多的困难，难道我们就气馁、就放弃了吗？作为村干部，我们是群众的带头人和先行军，我们放弃了，老百姓怎么办，还像以前一样穷，你们都甘心？半个多小时过后，大家的劲儿也被鼓起来了，一个个站了起来，抹了一把脸上的汗水，异口同声地说：走，咱不能当孬种！一定得干出个名堂！

兰考县葡萄架乡杜寨村连片的蜜瓜大棚

7 月 16 日，瓜苗顺利到村并成功种植。其间，农科院的老师们付出了大量精力到村里指导。

9 月中旬蜜瓜成熟，陆陆续续前来的客商在品尝过后争先恐后地购买。盐碱地里的蜜瓜口感非常好，受到了广大消费者的青睐。

群众看到了蜜瓜发展的好势头，在家务农人员、外出务工人员纷纷到村室报名要种瓜。看到这样的情景，李永建和村干部、驻村干部心里别提有多高兴了。

李永建带领村委，趁机成立了甜心合作社，县政府帮助合作社贷款 100 万元，大力扶持发展壮大蜜瓜种植产业。作为合作社理事长的李永建对群众承诺：只要有意愿发展蜜瓜种植，合作社愿意给群众提供建大棚所需的一半资金，月息 3 厘 6，贫困户还能享受小额贴息。2017 年，兰考县政府又出台了“每亩大棚补贴 6000 元”的惠民政策。政府的资金扶持、蜜瓜的巨大收益，让群众看到了希望，年轻人建 15 座、20 座，年纪偏大的建 3 座、5 座，争先恐后地加入到蜜瓜种植中。

目前，杜寨村共有蜜瓜大棚 475 座，蜜瓜育苗基地 1 座，有 20 个温室育苗棚，分拣车间 1 座，实现了村内育、种、管、销“一条龙”。蜜瓜销往北京、上海以及其他各大城市。

2017 年，杜寨村“兰考蜜瓜”取得了原农业部“绿色产品”认证，走向了全国农产品高端市场。群众从以前的“土里刨食”到现在的“棚里捞金”，每年的收入从以前一亩地 1000 多元到现在一亩地两万多元，“兰考蜜瓜”使杜寨村群众真正过上了甜蜜生活。

五、驻村干部：关键时刻顶上去

脱贫攻坚进行到啃硬骨头、攻坚拔寨的冲刺阶段，关键时刻必须有召之即来、来之能战的干部。2015 年，兰考抽调 345 名后备干部和优秀干部派驻到 115 个贫困村，确保每个贫困村都有帮扶工作队、每个贫困户都有帮扶责任人。

■ 故事一：夫妻双双当标兵

2015 年 1 月，县教体局的王高中和县委党史研究室的张素英这对夫妻同时接到了驻村扶贫任务。张素英被派到小宋乡罗寨村担任驻村扶贫工作队队长，王高中被派到考城镇刘土山村担任驻村扶贫工作队队员。

驻村一开始，小家庭的日子就发生了大变化。2015 年夏天，夫妻两人都在村里住，9 岁的女儿住在奶奶家，不小心把头磕破了。接到孩子奶奶哭着打来的电话，张素英心急如焚，赶回家中，母女俩抱头痛哭。看着头上流血的女儿，张素英既心疼又自责。而丈夫王高中因为村里工作忙，天黑才能到家。县脱贫攻坚领导小组的领导听到她的情况后，立即表达了关心，赞扬他们两人舍小家为大家的奉献精神，并号召所有驻村队员向他们学习；很多驻村队员纷纷发微信关心、祝福孩子，张素英感动得热泪盈眶。夫妻二人下定决心：干不好扶贫工作，愧对领导和同志们的关爱。不脱贫，决不撤退！

王高中和张素英夫妻双双获得“扶贫标兵”称号

之后，他俩凭借行业优势和对政策的精准了解，为贫困孩子申请了1000个“爱心包裹”。2015年10月17日，经过努力，又申请到了10000个“爱心包裹”，两批共计价值110万元。2015年底，这批爱心物资全部发放到了兰考各贫困小学，孩子们背着新书包，拿着新文具，甭提多高兴了。

王高中、张素英夫妻由于在2015年度扶贫工作中成绩显著，于2016年2月份双双被兰考县委县政府评为“先进个人”。在同年，他们夫妻又先后被兰考县委县政府评为“驻村扶贫工作标兵”，被人称赞是“夫妻双双来扶贫、比翼齐飞做模范”。

像张素英夫妇一样，兰考县委宣传部干部、驻许河乡东埽怀村第一书记、驻村扶贫工作队队长张命月，也和丈夫李海云一起下乡扶贫，双双被评为“扶贫标兵”。

■故事二：唯求玉堂春满色

王玉堂村是兰考县闫楼乡的一个贫困村，地处闫楼乡西南部黄河故堤之上，村里人均耕地不足1.4亩，很多年轻人结婚后没有分到可耕地。2015年，兰考县商务局办公室主任孔令卫被选派到王玉堂村开展精准扶贫工作。

入村后，工作队对村里的基本情况进行了实地查看和详细了解。每一个贫困户家里有多少人，家庭条件怎么样，子女学习生活怎么样，孔令卫都要坐下来和群众细谈。刚开始时群众对他将信将疑，说：“你是查案问案？还是催税罚款？”但他坚持不懈地走访，掌握了全村90户贫困户338人的情况。

他在同村班子成员开会交流时说，扶贫要做到“不唯扶贫贪大用、要为真情行以忠”。在驻村队长生病的情况下，他毫不犹豫带着被褥自觉驻村开展工作。在他的影响带动下，工作队齐心协力投入到驻村扶贫工作中，把各项工作任务落在了实处，得到了群众的认可。

吴志安夫妇在县城卖拉面创业失败后双双抑郁，住在危房里，失去生活

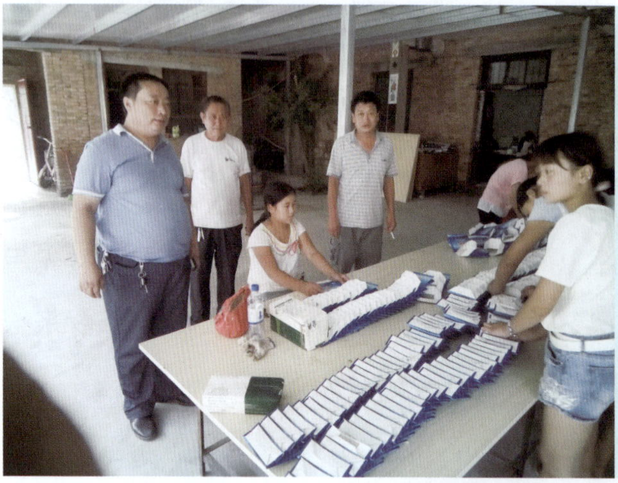

孔令卫在指导整理贫困户资料

孔令卫给贫困户讲解相关政策

信心。孔令卫不厌其烦地到吴志安家说服教育，利用“春风行动”帮他们家修整了房屋，重拾了信心。

曹天是王玉堂村的成功人士，他为村里修了下水道，还表示了下一步想为村里安路灯。孔令卫得知后，努力动员社会力量出资 3 万多元。2016 年，村里架设了 105 盏路灯，为村民点亮了致富出行的路。

于令报是一个因摔伤致瘫的患者，因摔伤花费了巨额的治疗费用，是一个因病返贫的重点扶贫对象。为使农村合作医疗政策惠及到他，孔令卫三次到县城了解合作医疗报销政策，多次帮助沟通协调新农合报销的情况。为了使于令报能够早日康复，孔令卫不但自掏腰包给他购买营养品，还在请教完医生康复调理方法后，手把手教其家属护理方法，并积极为其家属牵线，介绍了就近打工挣钱的工作。

为尽快选择一条适合王玉堂村快速发展脱贫致富的好路子，工作队对王玉堂村的各项条件认真梳理，将基础设施建设、农业增收、工业增收、健康教育作为王玉堂村四项扶贫规划的核心内容，进行了详细规划。

一个村子要脱贫致富，必须要有项目支撑带动。孔令卫广泛搜索各类投资信息，绞尽脑汁为村里牵线搭桥，最终将郑州拓派包装印刷有限公司引进到了村里。2015 年麦收前，贫困群众领到了企业发给他们的第一份工资。

驻村扶贫期间，孔令卫所在的工作队连续两年被兰考县委县政府评为优秀工作队，他本人连续四年被评为"驻村扶贫先进个人"和"行业扶贫先进个人"。原副县长杨志海曾称他为"用心扶贫的带头人"。

六、扶贫队员：及时培训很"解渴"

"这次培训，5 天时间，每天上午、下午和晚上共 8 个小时的课程，虽然很累很紧张，但是收获很大，感觉很'解渴'、很过瘾，对干好扶贫工作帮助很大……"驻村第一书记卜排林在华北水利水电大学培训时说道。

如何打赢脱贫攻坚战，好多地方都是摸着石头过河。这就要求每个参与扶贫工作的干部必须具备一定理论、政策、业务知识，才能担当这一职责，更好地完成任务。扶贫启动时，兰考县高度重视扶贫干部队伍建设，整合各类优质资源和平台，加强对扶贫干部的培训，为打赢脱贫攻坚战打造一支能力过硬、作风过硬的干部队伍，提供了坚强有力的组织保障。

1. 党校"提理论"

兰考充分利用党校这一干部教育培训主阵地，高质量办好主体培训班，特别是扶贫方面的知识培训，不断提高干部农村工作的本领和带领群众发展致富的能力。2016 年以来，兰考相继举办了各类培训班 14 期，培训科级干部 1157 人次。通过集中培训学习，广大干部提高了思想认识，转变了工作作风，树牢“四个意识”，真正成为打赢脱贫攻坚战的主要力量。

兰考县组织的脱贫攻坚党支部书记培训班

2. 外地“学经验”

兰考县还组织各级扶贫干部积极走出去，汲取发达地区先进经验。围绕脱贫攻坚、城乡建设、项目建设等课题，先后组织 6 批 308 人次科级干部考察团赴新乡先进群体精神教育基地、南阳南水北调精神教育基地以及河南濮阳、济源、长垣等市县考察学习。通过“走出去”学习先进理论和经验做法，思想进一步解放，眼界进一步开阔，做好扶贫工作的能力和水平进一步提高。

3. 高校“学创新”

在扶贫过程中，兰考注重用好高校资源，积极搭建对口高校培训平台。

参加培训的干部在结业考试中接受分组提问

与浙江大学、吉林大学、华北水利水电大学、河南财经政法大学等高校签订合作协议，开展“订单式”培训，截至2018年年底，共举办高校培训班7期，382人次参加培训学习。

4.“兰考讲堂”学本领

扶贫工作开展以来，针对扶贫干部“本领恐慌”现象，县委县政府持续用好“兰考讲堂”对各级干部进行培训。邀请中央党校、国家行政学院等院校知名专家学者来兰考授课，讲授理论知识、解读中央扶贫政策。组织上至县委书记下至“驻村扶贫工作标兵”在“兰考讲堂”作报告，以自身经历现场教学，为各级干部树立先进模范、提供典型事例。自

兰考县选派人员进行集中培训

2015 年举办“兰考讲堂”以来，共举办 53 期，培训党员干部 8.3 万余人次。通过培训学习，明确了党中央对脱贫攻坚工作的新部署、新要求，持续不断地提高思想认识，系统地掌握扶贫业务知识和技能，提升了党员干部的理论水平和业务能力，为脱贫攻坚提供了人才支撑。

“兰考讲堂”举办的专题培训班

“兰考讲堂”期期爆满

5.“创新形式”学业务

兰考县在扶贫干部业务培训过程中，采取信息化手段，利用视频会议系统一竿子插到底，直接培训到村级干部和驻村队员，既能轻松扩大培训规模，为受训者省时省力，又能直接传达精神，确保了信息畅通，节省了时间，确保基层扶贫干部掌握业务不打折扣，尽可能避免层层传达带来的执行力递减。

兰考通过在线培训模式，创新提升扶贫人员业务水平

第四节 多管齐下

加快推进深度贫困地区脱贫攻坚，要按照党中央统一部署，坚持精准扶贫精准脱贫基本方略，坚持中央统筹、省负总责、市县抓落实的管理体制，坚持党政一把手负总责的工作责任制，坚持专项扶贫、行业扶贫、社会扶贫等多方力量、多种举措有机结合和互为支撑的“三位一体”大扶贫格局，以解决突出制约问题为重点，以重大扶贫工程和到村到户帮扶措施为抓手，以补短板为突破口。

——习近平《在深度贫困地区脱贫攻坚座谈会上的讲话》

（2017年6月23日）

一、构建“三位一体”大扶贫格局

根据习近平总书记关于扶贫工作重要论述，脱贫攻坚的关键在于精准施策，只有开对“药方”，才能拔掉“穷根”。过去，各类扶贫政策往往是大水漫灌，针对性不强，部分贫困群众难以得到精准帮扶；扶贫人员对一些行业扶贫政策研究不深、督导不够，行业扶贫部门之间协同配合不够，造成推进慢、落地难；社会扶贫多停留在送钱送物上，政府引导不够，“碎片化”现象突出，没有形成合力。

针对这些问题，兰考发扬焦裕禄同志的“科学求实”精神，着力构建了专项扶贫、行业扶贫、社会扶贫“三位一体”的大扶贫格局。

1. 专项扶贫"打好底"

兰考充分发挥专项扶贫的基础性作用，重点围绕贫困村基础设施建设、产业发展、就业促进、公共服务等做好脱贫基础性工作，实施了整村推进、雨露计划、产业化贴息、小额扶贫贴息贷款、产业园区基础设施建设等项目。并设立风险补偿金以撬动银行贷款来助力脱贫攻坚。

扫描二维码详细了解兰考专项扶贫

2. 行业扶贫"抓重点"

兰考围绕重点工作，整合落实涉农资金，聚集各部门资源，将项目和措施进行统一调配。根据工作队和乡村的需求反馈优先支持，重点完善乡村公共配套和基础设施。同时，对程序繁琐的行业扶贫政策由县委改革办进行"修枝打杈"，简化程序，提高效率。对行业扶贫部门的具体任务，建立工作台账，由县监察局牵头落实，推动贫困村基础设施和公共服务整体提升，使得贫困户"两不愁三保障"得到有效解决。行业扶贫大规模的可持续性投入，为兰考脱贫攻克了众多难题和高地，发挥了突破性的作用。

扫描二维码详细了解兰考行业扶贫

3. 社会扶贫"造氛围"

兰考坚持党委政府引导，县委统战部牵头，总工会、团县委、妇联、工商联等群团组织协调负责，社会企业积极参与，探索实施了以"爱心美德公益超市"为平台，以"巧媳妇"工程、人居环境扶贫、助学扶贫为支撑的"1+3"社会扶贫模式，营造了全社会关心扶贫、爱心助贫的良好氛围。

二、独创"1+3"社会扶贫模式

2016年以前，政府工作人员到贫困户家慰问时，经常是带着米、面、油、被子等一般生活必需品，按说东西挺多，而且也都需要。但有一次，大家到惠安街道一家姓张的贫困户慰问后，临走时张家的小孙女却说了一句让人值得深思的话："叔叔阿姨，米、面、油我们家暂时有了，我最想要个新书包！"看着他们家里的情况，工作人员一时无语，很是尴尬。

半年之后，张家孙女通过自家积累的积分券和慰问人员赠送的积分券，如愿换到了自己期盼已久的新书包。那么兰考是通过什么实现了这个小女孩的愿望呢？

把爱给最需要帮助的人，那么最需要帮助的人在哪里？他们最需要帮助什么？政府应该怎么给？给他们什么帮助？却很少有人去思考。是张家小女孩的这个愿望，让兰考各级政府工作人员开始思考，我们应该怎么去帮助他们？慰问他们？另外，不少人认为"扶贫工作是政府的事儿，是各级扶贫干部的事"，以致出现"政府热、社会弱、市场冷"，困难群众获得感少、内生动力不足等现象。

兰考县在扶贫启动之初就深刻认识到：稳定脱贫奔小康是个复杂的系统工程，仅靠政府的力量是不够的，必须动员全社会力量参与，形成大扶贫合力。

兰考县独创的"1+3"社会扶贫运行模式示意图

兰考各乡镇街道都建起了爱心美德公益超市

兰考县一方面以开展“百企帮百村带万户”精准扶贫为抓手，主动搭建非公企业和非公人士参与稳定脱贫奔小康工作平台，壮大脱贫力量，凝聚脱贫合力；另一方面，围绕解决社会扶贫中存在的应急式帮扶多、长效性不足，共性帮扶多、精准帮扶少，工作碎片化、力量整合不到位等问题，充分发挥统一战线人才荟萃、智力密集、联系广泛等优势，整合工、青、妇、工商联等群团组织的资源，广泛动员社会组织、非公企业、商会组织等各方面力量，积极探索建设以爱心美德公益超市为平台，以实施“巧媳妇工程”、人居环境扶贫、助学扶贫为支撑的社会扶贫“1+3”模式，形成了政府、市场、社会协同推进的大扶贫工作格局，既促进了脱贫致富，又融洽了社会关系。

“1”就是建立爱心美德公益超市。由乡村提供60—100平方米的场所，动员爱心企业按照20万元的标准捐赠油盐酱醋、书包文具等日常生活物品和学生用品作为启动物资，群团组织持续募捐补充，驻村工作队开展卫生评比、德孝评比等一系列具有导向性的评比活动。根据评比结果，奖励发放积分券，贫困户凭积分券到爱心美德公益超市领取所需物品。这种模式不仅实现了社会捐赠与贫困需求的有效对接，还进一步激发了贫困群众勤劳致富的积极性和主动性。

“3”之一是实施“巧媳妇工程”。兰考县以服装类、手工制品类、种植养殖类等为重点，积极推进“巧媳妇”就业基地建设，让农村留守妇女实现顾家就业两不误。

“3”之二是开展“人居环境扶贫”。县里统一制定标准，动员154家爱心企业主动认领1915户家庭面貌较差的贫困户，企业自主安排人员施工，按照户均1万元的标准在房屋修缮、院落整理、厨具灶台、厕所改造等7个方面，帮助改善贫困家庭生活基本面貌，全县454个行政村每村都有一个“民间设计师”，创意打造最美庭院，使贫困家庭由以往的“脏乱差”直接转身“美丽庭院”，提振了生活信心。

“3”之三是开展“助学扶贫”。县里建立了1200名贫困生资源库，动员爱心人士与贫困生结成帮扶对子进行资助，解决了贫困学生上学难和资助不均衡的问题。

为了让“1+3”社会扶贫模式在兰考全面落地，全县在16个乡镇（街道）设立30家爱心超市，动员非公企业主动承担社会责任，“县总工会牵头，乡镇（街道）出场地、企业出物资、民政部门来管理”，固定开放时间，接受群众监督，利用每月“固定党日”，开展生活用品、学习用具等物品捐赠活动，打通上市公司参与扶贫的通道，建立货物供给的长效机制。

承载“1+3”平台的爱心美德公益超市具备线上线下功能，线下是体验店，群众以爱心积分换物品，从棉衣、棉鞋，到水瓶、铁锅，甚至书包、牙刷等。线上是“情报站”，广泛收集群众“微心愿”，把碎片化的“情报”，通过超市的“爱心e家”功能整合起来，成为精准帮扶的“大数据”支撑。线上线下，融合发力；爱心美德公益超市搭平台，社会扶贫唱大戏。变被动给予为按需挑选，有效破解了“供”“需”不对称问题。

在“1+3”平台运作的推动下，2017年，全县有584家（位）非公企业（商会组织）和非公经济人士参与社会扶贫，捐赠资金3700余万元。在兰考，每个爱心超市里都有一台全自动洗衣机，标价500分，它成为每位困难群众用勤劳追求的梦想。截至目前，累计134个企业（个人）通过

农民通过劳动获得积分，在爱心美德公益超市领取生活必需品

助学扶贫平台捐助 407 万元，惠及 896 名贫困学生。兰考县通过爱心美德公益超市渠道共发放 170 万个积分，1.1 万户群众得到了实实在在的帮扶，极大改善了贫困群众的生产生活。

扫描二维码详细了解兰考社会扶贫

兰考创造的“1+3”社会扶贫模式，解决了传统社会扶贫的诸多弊端：一是“供”“需”帮扶不对称。二是通过积分制改善了群众居住环境差、缺乏精气神的生活状态 。三是革除了留守妇女无所事事、精神面貌不振的乡村问题。四是避免了对贫困学生资助存在重捐漏助现象。兰考模式在被广大群众欢迎称赞的同时，也成为全国社会扶贫学习的典范。

三、“十二项政策”织密保障网

脱贫攻坚启动之初，兰考县出台《兰考县农村最低生活保障制度与扶贫开发政策有效衔接实施方案》《兰考县农村低保精准识别助推稳定脱贫工作实施方案》，聚焦兜底脱贫，编密织牢社会救助保障网，助力贫困群众过上幸福生活。

向群众公示低保相关标准

兰考县整合专项扶贫资金、相关涉农资金和县财政资金，研究制定了12项具体帮扶政策。对已脱贫户，实施保险保障、产业扶持、外出务工补助、大学生补贴等6项政策，确保稳定增收不返贫；对一般贫困户，除享受以上6项政策外，增加了医疗救助、分阶段教育补贴、光伏扶贫3项政策，确保能够稳定脱贫；对兜底户，除享受以上9项政策外，将兜底人员全部纳入低保，60岁以下人员给予临时救助，人均土地不足1亩给予相应补贴，确保兜得住、兜得牢。

■兜底让盲人眼前“一片光明”

孟寨乡孟寨村的扶贫兜底户孙不玉，双目失明，一级残疾；妻子张三分患有癫痫病，两人都没有劳动能力。他们养育的几个孩子聪明伶俐，个个学习都很优秀，奖状贴满了一面墙。提起脱贫前的生活光景，孙不玉不堪回首，吃馍不喝汤，喝汤不吃馍，天天吃咸菜，有时炒菜也不放油。几个孩子也面临辍学，但他不忍心，因为他觉得孩子是他家的希望。

2016年，县民政局扶贫工作队来到他家。家里七口人都被“兜”了起来，享受了低保待遇。扶贫政策如“春风”般一下子吹掉了压在孙不玉心头上的“石头”，第一次领到钱，他紧紧地攥在手心里，直想哭。

受到政策的鼓励，孙不玉重新鼓起生活信心。低保标准三年涨了三次，如今每人每月领 270 元，一个月他家就领 1890 元，而且孩子们上学还有助学金。政府还给他家送来 4 只羊，现今已经繁育到十来只。

“虽说俺的眼睛看不见，可是俺的心里是一片光明。”孙不玉逢人便会提起自己的亲身体会。在政府帮助下，孩子们也都很争气，2018 年，大儿子孙德攀被武昌理工学院录取，大女儿孙丹丹被杭州科技职业学院录取，还有两个女儿读高中。

孟寨乡孟寨村的兜底户盲人孙不玉在自己的羊圈喂羊

一项政策保障一个家庭，一缕春风吹走懒惰贫穷。冬日的阳光下，孙不玉和妻子清扫完庭院后，抱来饲草开始喂羊。大大小小十来只羊把孙不玉围在中间，亲昵地仰头望着他，孙不玉逐个抚摸，像爱抚自己的孩子一样，脸上是灿烂而幸福的笑容。

在脱贫攻坚中，兰考县发挥最低生活保障的政策优势，织密民生保障安全网，帮助全县建档立卡贫困家庭迈过了一道道生活的坎，摆脱贫困，走向新生活。2014 年，兰考县共有建档立卡对象 23275 户 77350 名贫困人口，截至 2018 年年底，共发放最低生活保障金 3.3 亿元。

四、让百姓住有所居、吃有好水

行业扶贫对于加强农村基础设施建设，保证相关扶贫政策落地，从根本上改变农村农民的贫困面貌，提升脱贫户获得感至关重要。兰考县在脱贫攻坚期间，吸取以前行业扶贫政策研究不深、督导不够，行业扶贫部门之间协同配合不够，推进慢、落地难的教训，以精细化、垂直化、责任化对接的方式来推进，大大提高了行业扶贫的效果。

40 多岁的盲人张喜长，是考城镇侯集村残疾贫困群众。天有不测风云，本来身体残疾的他前几年又患上了直肠癌，手术切除了小肠、结肠、膀胱，生活不能自理，全靠妻子照护，女儿在大学就读，儿子还在上高中，家里缺乏劳动力，养家糊口都成了难题，是村里有名的贫困户。因为家庭困难，一家 4 口人挤住在已建 30 多年、不足 50 平方米的破房内，老房墙体风化剥落，房梁和椽子多处受损，房顶漏雨严重，遇到下雨天，外边下大雨屋里下小雨，张喜长多次想维修，因家中无钱都未能如愿。

县住建局的同志在农村危房排查过程中了解到这一情况，立即商议，决

张喜长和他改造前后的住房

定由住建局和镇政府派专人负责，对张喜长家的危房进行修缮改造。施工队找到了，本已是负债累累的张喜长，却筹不齐房屋改造资金。为了解决张喜长改造资金的难题，县住建局和镇领导再次来到张喜长家中，和施工队协商解决施工、物料等费用，看到张喜长有病在身又家徒四壁的窘困场景，在场的领导和同志们自发地为他家捐款，你八百我一千，凑了将近一万元交给施工队。

经过一个星期紧张施工，张喜长家的房顶换上了新瓦，原来窄小的门窗改造后变得宽敞明亮，施工队又维修加固了墙体，对内外墙体进行了粉刷，室内铺上了地板砖，并进行了简单装修，30多年的旧危房焕然一新。在外求学的孩子回来有了一个安全温馨的家，张喜长一家人脸上露出了久违的笑容。

这只是县住建局解决群众住房困难的一件小事，一个缩影。老百姓看到改造好的房子，编了顺口溜夸赞："党的政策送温暖，贫困家庭换新颜，干部作风在转变，一心为民人人赞。"

在兰考，除了住房问题，吃水难问题也是好多地方百姓几十年最发愁的事情。

"整天盼自来水呀，整天盼，现在终于吃上了，很高兴！非常感谢！很喜欢！很感谢领导的好，感谢扶贫政策的好，盼几十年了，终于盼来了！"2016年7月30日，经过半个多月努力，县水利局终于完成了坝子村自来水通水工程，吃了几十年污渍水的村民们兴奋极了，120多户400多人联合给县水利局送了一块牌匾。

水厂解决了群众吃水难问题

县水利局2016年在农村安全饮水工程项目方面总投资3669.54万元，

解决了全县 57960 人安全饮水问题。2017 年安全饮水巩固提升工程投资 2800 万元，解决了 31 个非贫困村 63395 人的安全饮水问题。

扫描二维码观看
兰考水利扶贫纪实

从 2016 年开始，兰考县还按照“利用水资源、谋划水经济、打造水景观、彰显水文化”的要求，提出了“西引、东补、南北提、水连通”的水利发展新思路，为实现黄河水“引得来、用得上、留得住、排得出”的目标，确保全县“河相通、渠相连、沟相接、旱能浇、涝能排”，大力开展了一系列农田水利基础设施建设，兴修了一大批水利工程，保证了农业灌溉用水和涝田及时排水，保障了农业增效、农民增收，同时为兰考生态化、城镇化长久发展奠定了坚实的水利基础。

五、特色产业“拔穷根”

“兰考扶贫不养懒汉，不能靠在墙根晒太阳，伸着手来要救济。”兰考县扶贫办原主任胡良霞说。

脱贫攻坚伊始，兰考人自问：兰考为啥穷？答案是：产业不兴，经济没有支撑。

“兰考把脱贫攻坚与供给侧改革相结合，找准特色产业，让贫困户在家门口稳定增收，拔除了穷根。”开封市委常委、兰考县委书记蔡松涛说。

■ 故事一：蜜瓜协会创造“甜蜜产业”

1979 年 5 月出生的张树锋，如今是兰考县蜜瓜产业协会会长。在部队服役期间，张树锋时刻挂念着家乡发展。

从部队转业后，作为党员的他，毅然决然放弃城市工作机会，以军人的刚毅和果敢，扎根基层，发挥优势，勇于创新，积极带头发展产业，尝试蜜瓜种植。他经过多方努力，筹资 60 多万元建起了蜜瓜大棚 36 座，带领群众种植蜜瓜。同时，他积极筹建兰考县蜜瓜产业协会，并被选举为协会会长。

张树锋和协会工作人员在蜜瓜棚里查看蜜瓜长势

为让兰考蜜瓜走上更高端市场，张树锋着眼长远、未雨绸缪，带领蜜瓜协会成员，赴山东、海南等蜜瓜产地学习高新种植技术和栽培模式，不断创新试验新品种，及时化解兰考蜜瓜种植方面存在的问题；先后邀请新疆、海南、陕西、山东等蜜瓜主产区种植大户和技术老师到兰考指导，汇集各地种植经验，兰考蜜瓜种植管理水平得到显著提高。

2017 年秋，正在上纹期的兰考蜜瓜，遭遇多年罕见的连阴雨，导致蜜瓜质量下降，出现滞销现象。张树锋通过上网学习蜜瓜深加工技术，与兰考“五农好”集团合作，尝试加工蜜瓜干和蜜瓜醋，及时消化了全县剩余的蜜瓜。这一尝试从此打开了兰考蜜瓜产业的又一个创收渠道，蜜瓜饮料、饼干、罐头等深加工食品陆续上市，延长了蜜瓜产业链。

随着兰考蜜瓜种植面积不断扩大，张树锋开始带着样品先后到北京、浙江、辽宁、湖北、湖南、广东等地进行宣传推销，积极参加全国农产品展销会，增加兰考蜜瓜的知名度。目前，全县规模种植蜜瓜大棚 9000 多亩，年总产量 4 万多吨，蜜瓜产业链带动 6000 多人就业，让更多群众增收致富；蜜瓜种植业正成为兰考特色农产品主导产业，帮助越来越多的群众走向了稳定脱贫的康庄大道。

■故事二："养它两笼兔子先试试"

2014年以来，兰考从打造一家一户的"庭院经济"和"小产业"，到发展"一村一品"和"一乡一业"；从建设产业聚集区到特色产业园；从小微企业遍地开花到多家上市公司落户，实现了一二三产业融合发展，农民在县城内务工率达60%以上。2016年城镇和农村居民人均可支配收入分别为21124元和9943元，比3年前分别增加10164元和4297元。三义寨乡付楼村贫困户郝金刚就是依托"小产业"摆脱了贫困。

郝金刚早年在砖窑场干活时被砸伤脚，落下终生残疾，与两个幼女相依为命，2014年被定为"兜底户"。由于长期贫困，老郝很自卑，不愿与人说话，少与乡邻往来。

"兜底户给够补助款，也能完成扶贫任务，但只输血不造血，老郝就会一直萎靡不振，两个孩子以后咋办？"帮扶工作队和村里商议后，先帮老郝建院墙、盖厕所、添家具，在取得信任后，带他参观县里养殖场，拜访邻村养殖户，鼓励他搞养殖。

"养两笼兔子先试试。"老郝终于动了心。2015年7月，老郝用5000元到户增收资金买来25只优质种兔和饲料，建起兔舍。2016年，他卖出7批兔子，赚了1万多元，顺利脱贫。一向封闭的老郝"敞亮"了："如果自己不想站，别人扶也扶不起来。"

与老郝养兔的"庭院经济"小产业类似，如今，仪封乡的小杂果，小宋镇的大棚蔬菜，葡萄架乡的黄桃，许河乡的山药，东坝头镇的褐蘑菇，桐乡街道的小米，一个个乡级小产业各具特色，如雨后春笋般发展起来……"还是原来的一亩三分地，现在的收入比原来高了太多，这样坚持下去，奔小康没问题！"说起兰考的小产业前景，老郝充满了希望。

农村“一乡一业”发展迅猛

桐乡小米

许河乡山药

小宋镇蔬菜

葡萄架乡黄桃

兰考的构树产业园和花生产业园

六、“大树底下”再获新生

背靠大树好乘凉，水入大海能成浪。对于在贫困中迷茫的贫困户来说，大企业“伸一把手，出一点力”可能就会彻底改变他们的命运。企业在脱贫攻坚中的“传帮带引扶”作用不可估量，尤其是一些企业采取创新、合作等新模式后，带动作用更是明显。

在兰考产业聚集区，禾丰集团天地牧业有限公司流水线一刻不停地运转。一只只肉鸭经过屠宰、分割、包装，运往全国各地。而 30 公里外的考城镇刘土山村贫困户陈新民也在时刻关注天地牧业。2016 年，陈新民按照“五统一”模式与该公司签订了养殖收购协议，年收入达到了 6 万元，成功脱贫。

像陈新民这样，天地牧业通过“五统一”模式（即统一提供鸭苗、统一供应饲料、统一提供药物、统一技术服务、统一签订回收合同）与贫困户合作，带动了 834 户贫困户脱贫。

天地牧业肉鸭产业化项目于 2014 年在县产业聚集区正式破土动工。该项目包括年屠宰 5000 万只肉鸭分割生产线、5000 吨冷库及配套年产 30 万吨饲料厂、兽药厂、包装厂、物流中心，目前均已投入正常运营。在政府的大力支持下，通过“五统一”成功实现了“公司 + 养殖基地 + 贫困户”的运作模式。在鸭棚建成后，公司即与养殖户本着互利共赢的原则，签订长期养殖协议，确保贫困户养殖成功和脱贫致富。不论市场价格如何变化，在科

禾丰牧业带领马永健养鸭成功脱贫

学养殖的前提下，公司保证每只鸭净利润 2 元钱，每棚每批可养殖 5000 只，年出栏 3 万只，年利润 6 万元左右，这样就能让贫困户实现当年养殖、当年脱贫的目的。

惠安街道司野村养殖户马永健，家中有年迈病重的老母亲和三个年幼上学的孩子。为了给母亲治病基本花光了家中积蓄，致使生活陷入困顿，一家人的生活来源全部落在了马永健一人身上。

2015 年，禾丰集团天地牧业落户兰考后，经过公司大力宣传，农户了解到养殖能为他们增加收入，改变生活状况，马永健萌生了养殖的意愿，便加入了禾丰这个大家庭。在公司技术员对其现场指导、鸭病综合治理与防范等养殖技术培训后，他本人逐渐掌握肉鸭养殖技术。2016 年全年总利润就达到了 32509 元，2017 年养殖 4 批总利润达到 159785 元，2018 年养殖 5 批全年利润达到 173397 元，3 年利润共计 365691 元。现如今，马永健不但有了存款，还翻新了家里的破瓦房，盖起来新房子，生活状况大大改观，不但摘掉贫困帽子，还过上了小康生活。

与天地牧业类似的中羊牧业，则是把一线固定岗位的 60% 拿出来照顾贫困家庭成员，带动了 165 户贫困户脱贫。这些模式都在兰考的脱贫攻坚中起到了很好的作用。贫困户刘合成就是一个典型的例子。

刘合成是葡萄架乡董庄村建档立卡贫困户。兄弟三人，大哥也是低保户，有一双智障儿女；老三孤身一人，常年在外流浪。照顾 90 多岁老母亲的重担压在刘合成一家人身上，营养不良也导致他们夫妻体质很差，常年吃药，几年前一场大病，使本来并不富裕的家庭雪上加霜，成了社会救助的贫困对象。一大家子人住着四间简陋的房子，在村子里很扎眼。没有房子，儿子以后找对象影响会很大，自己还得长期服药，思想压力也很大，生活前景一度渺茫，人也沉默寡言，不愿和人来往。

中羊牧业招工时，乡、村都推荐了他，中羊牧业负责人刘总实地家访，当即自掏腰包拿出 1000 元慰问金安慰刘合成，并决定与他结成帮扶对子，招聘他到公司上班，让他做一些力所能及的工作：月工资 2700 元，月伙食补贴 300 元，年收入 3.6 万元。公司还特许他中午回家帮助妻子照顾卧床的老母亲，逢年过节还会受到公司的特殊慰问。

刘合成到中羊牧业工作后成功脱贫，生活有了信心

刘合成到中羊牧业上班后，主管经常和他谈心，帮他树立生活信心，并特别叮嘱其他人要多关心他。几个月下来，刘合成像变了一个人，敢在人前讲话了，走路也抬起了头，生活有了奔头，人也显得年轻了。问起此事时，老刘眼含泪花说：“我生活在一个好时候，感谢党和政府的好政策，感谢中羊牧业的关爱和照顾，让我生活终于有了依靠，有了盼头。”

刘合成表示，再干一两年，在中羊牧业学一些基本技能，儿子大些就和儿子一起参加中羊牧业肉羊养殖产业扶贫项目，做一个真正自食其力的人。

在龙头企业带动下，像陈新民、马永健、刘合成这样通过参与养鸭、养羊产业脱贫的贫困户越来越多，养鸭、抓鸭、搞运输，甚至收集鸭粪、羊粪都成为当地老百姓创收增收的渠道，这些企业为增加当地贫困户收入、脱贫带贫作出了重要贡献。更重要的是，这种带动式扶贫，不光是从经济上解决了贫困户的基本生活问题，更重要的是能激励一个人的精神，能改变一家人的命运。

带动兰考众多贫困户脱贫的禾丰集团天地牧业厂区和晓鸣禽业厂区

禽肉类加工车间和养驴场区

七、“龙头”驱动跨越发展

在兰考县晓鸣禽业打工的乔永艳，2018年夏天特别开心，自己家终于脱了贫，家里装上了空调，添置了冰箱，生活水平提升了一大截。

乔永艳家的变化，要归功于县里新引进的龙头企业。他所在的晓鸣农牧，已成功在“新三板”挂牌，成为亚洲最大的单体蛋雏鸡孵化基地。仅此一个企业在兰考落地，就让400多户像乔永艳家一样的贫困农户过上了好日子。

外来的和尚会念经，外来的资源强带动。脱贫攻坚期间，已有富士康、恒大、格林美、森源电气、禾丰集团天地牧业、晓鸣禽业、光大国际等多家上市公司落户兰考，投资额突破100亿元，国家开发银行提供12亿元的长期发展资金支持兰考，另有4家本地企业正准备走向资本市场，也将成为兰考产业扶贫的主力军。

上市公司的落户，在促就业、调结构、活金融、转观念等方面对兰考起到了很大的推动作用，助推脱贫致富步伐明显加快。

世界500强企业富士康自2015年落户兰考以来，一直不忘“产业扶贫”，积极推动兰考就业扶贫工作。兰考富士康在职员工超过1.2万人，其中90%以上来自兰考本地，建档立卡户就业人员已达650人。兰考富士康员工薪资水平参照河南省会城市郑州标准执行，月收入可达3500—4500元，真正让贫困户实现了“一人就业，全家脱贫”。富士康还为员工缴纳“五险一金”，并享受集团自有政策，避免员工因病返贫。

富士康兰考项目为高端制造企业，具有较强经济带动作用，依托兰考区位及政策优势，将吸引产业链上下游企业及配套产业布局兰考。富士康未来全部建成投产后的用工规模将突破2.6万人，在极大促进就业、提升就业者素质、优化人力结构、促进社会发展的同时，还将带动一个约6万人的供应链市场与消费群体，将为兰考年社会消费品零售总额增长约9000万元（人均消费1500元/月）。同时，富士康作为世界500强企业，投资兰考必将增强其他企业投资兰考的信心和勇气，利于当地引进国际先进技术和经营理念，推动兰考工业转型，优化产业结构调整，为兰考稳定脱贫添砖加瓦。

富士康兰考科技园因此获得“国家就业扶贫基地”“河南省就业扶贫典型企业”“兰考县就业扶贫见习基地”等荣誉称号。

与富士康一样，世界 500 强企业恒大也在脱贫攻坚期间入驻了兰考。河

富士康科技集团、恒大家居产业园等入驻兰考的大型上市企业

一大批知名企业与兰考签约

南恒大家居产业园由恒大与6家知名家居企业索菲亚、大自然、喜临门、皮阿诺、欧派、曲美等按照“4比6”参股投资。项目总占地1万亩，总投资65亿元，建成后将形成恒大互联网家具联盟产业园，目前欧派已投产，其他项目也陆续进行试生产。园区预计年产值38亿元，利税2亿元，提供就业岗位2.6万个，将极大地促进兰考经济向新型产业转型发展，为兰考稳定脱贫强化产业体系发挥重要作用。

“上市公司优质企业、优质资本、优质人才、优质技术的注入，有助于兰考脱贫攻坚，实现跨越式发展。”兰考县原副县长杨晓东说。

八、金融扶贫送来“及时雨”

脱贫攻坚，必须有“真金白银”。钱从哪里来？钱该怎么花？兰考在充分利用财政拨付资金的基础上，敢于突破，转变了以往思路。

首先是扶贫资金使用的创新。按照以往扶贫的办法，在扶贫项目和资金的分配过程中，农民说不上话，乡村也做不了主，而有权分配项目和资金的县扶贫办，人少事多，有心无力，结果往往是资金没分好，项目也定不准。

为提高扶贫项目资金使用效率，县委、县政府在全省率先改革扶贫项目资金分配办法，创新扶贫资金运行机制，有效推动扶贫工作的开展。按照“扶贫资金早拨付、扶贫项目早选定、贫困群众早受益”的要求，2015 年 1 月，兰考县建立了“先拨付、后报账，村决策、乡统筹、县监管”的产业扶贫资金运行机制。在发展扶贫产业上，村级组织做到“先议后动、全程透明、群众监督”。

兰考推出普惠金融等一系列金融改革措施助力脱贫攻坚

扶贫资金分配机制的改革，给扶贫工作带来深刻的变化，一是解决了“农户不主动”的问题，二是理顺了扶贫资金管理关系，三是调动了农村基层干部群众的积极性。

其次是扶贫资金来源和效果的创新。“改变输血式扶贫为造血式扶贫，调动更多的资金和力量，构建‘三位一体’的金融扶贫模式，是实现兰考百

金融扶贫解决了贫困户的燃眉之急

仪封乡魏寨村被授予“普惠金融信用村”

姓脱贫致富的正确道路。”兰考县委书记蔡松涛说。兰考独创的“政府主导、金融部门参与、企业带动”的“三位一体”金融扶贫模式，已经成为贫困群众脱贫致富的好帮手。

谷营镇栗西村贫困户翟源磊，家有 5 口人。2016 年兰考农商银行向其发放“三位一体”金融扶贫贷款 10 万元，期限 1 年，支持他的家庭作坊开展乐器配件加工业务，并于 2017 年、2018 年贷款到期正常还款后，又分别续贷 10 万元。现在翟源磊不仅自己脱了贫、致了富，还带动本村 4 户贫困户在其家庭作坊就业。

三义寨乡蔡楼村村民齐太勇于 2012 年 10 月开始养肉牛，2013 年 7 月成立蔡楼肉牛养殖专业合作社。2016 年 7 月，在“风险补偿金 + 政府承诺”的政府增信机制下，齐太勇的合作社向农行兰考支行贷款 100 万元，扩大了养

三义寨乡蔡楼村村民齐太勇创办的肉牛养殖专业合作社

殖规模。2017 年 8 月，在养殖场急需资金时，又是农行兰考支行向他伸出援手，提供 40 万元贷款解决了其资金困难，使养殖场的发展上了一个新的台阶。在金融扶贫政策带动下，齐太勇的合作社成功带领 9 户家庭脱贫。

与齐太勇类似的翟进喜，是兰考县东坝头镇张庄村建档立卡户，因家庭负担较重，缺少资金，苦心经营起来的养鸡场规模较小，难以赢利。2015 年 10 月，通过农行兰考支行与县畜牧局合作的畜牧担保基金贷款政策，他获得了三年可循环贷款 5 万元，解决了资金困难。现在翟进喜的养殖规模日益壮大，已由原先养殖的 500 多只蛋鸡发展成 8000 多只，生活也发生了巨大变化，孩子顺利从大学毕业了，房子也盖起来了，翟进喜由原先的贫困户走上了奔小康之路。

成立于 2013 年的兰考县九州树莓种植专业合作社，占地约 1300 亩，工人 350 名，主要从事树莓种植、销售及服务。树莓采摘全程需要人工，在生产旺季合作社直接吸收附近乡村 50 户贫困户就业。兰考农商银行于 2015 年对该合作社发放了全县第一笔新型农业经营主体贷款 100 万元，2016 年贷款到期后该合作社续贷 100 万元，2017 年、2018 年到期后该合作社又分别续贷 80 万元。金融扶贫政策的保驾护航，让九州树莓合作社发展更加稳定，为更多贫困户创造了收入。

在贫困户困难时伸出援手的兰考农商银行，由原兰考县农信联社改制

县长李明俊（左四）在仪封村与银行负责人夜谈扶贫贷款问题

而来，是兰考县规模最大、网点最多、服务面最广的金融机构。2015 年以来，该行与县政府及相关部门陆续签署 6 个扶贫信贷投放专项协议，依托政银合作协议，大力推广扶贫养鸭贷、新型农业经营主体贷、“四位一体”贷、“新三位一体”贷、产业发展信用贷、龙头企业贷 6 项扶贫贷款产品。截至 2018 年年底，上述 6 项产品累计为扶贫对象贷款 3635 笔（户）5.051 亿元，极大地提升了兰考脱贫攻坚的力度，该行也因此荣获兰考县“行业扶贫先进单位”。

像兰考农商银行、农行兰考支行一样，在脱贫攻坚期间，众多金融机构已成为兰考脱贫的重要驱动力：中原银行、邮储银行在脱贫攻坚期间，也与兰考签订了合作协议；中原证券在兰考设立营业部，成为兰考实现与资本市场近距离对接的一个重要窗口；河南省农业综合开发公司设立 5 亿元的投融资平台，支持兰考发展特色农业、循环农业、智能农业等业态，为兰考 2.6 万贫困人口脱贫提供了金融支撑。

九、合作社“合出”新能量

众人拾柴火焰高，众人划桨开大船。作为农业大省的河南，尤其是以农业产业为主的兰考，如何在脱贫攻坚过程中发挥已经呈现一定规模的农业合作社的作用，对加快农村脱贫速度、发挥带动示范作用、保证农民稳定脱贫至关重要。兰考在脱贫攻坚过程中，一方面大力扶持农村合作社，另一方面不断创新合作社运作运营模式，以“党政主

南马庄专业合作社举行“快乐猪认养签字仪式”

导、农民主体、社会参与”方式创办的南马庄生态农产品专业合作社，就是典型代表。

南马庄村位于兰考县三义寨乡西南部，土地2865亩，人口1686人。为有效解决村里剩余劳动力就业，促进农民产业发展，增加贫困家庭收入，2004年，南马庄村由张砚斌牵头，在县供销社的大力支持下，在著名“三农”问题专家温铁军以及中国农业大学副教授、兰考县原挂职副县长何慧丽等专家学者的指导下，成立了兰考县南马庄生态农产品专业合作社。

该合作社是河南省第一个生态农产品专业合作社，主要通过土地托管方式，每年给农民定额租金或分红，给全村外出务工人员解除了后顾之忧。合作社还有一个资金互助功能，给青年创业者提供部分启动资金。

南马庄村生态农产品专业合作社成员

2014年以来，南马庄生态农产品专业合作社从开始带动社员种植无公害大米，用发酵床养猪法饲养“快乐猪”，到现在社员在大米加工厂就业，

南马庄合作社成员在地里劳动

帮留守妇女创业，助返乡青年发展，再到加大公益事业投入，一直坚持走共同富裕路线。目前合作社已经覆盖周边 14 个村庄，成员 1338 户，下设大米杂粮加工厂、资金互助部、供销商贸部。入股资金已经达到了 2000 万元，累计为 2600 多户社员提供借款。合作社为村民提供众多福利：为半岁至 15 岁的儿童购买保险；每年承担村中路灯电费 5000 元；为每个合作社成员每年解决 420 元水电费；为所有考入大学的孩子发放奖学金：一本每年 5000 元、二本每年 3000 元、三本每年 1000 元；出资为 60 岁以上的老人每年检查身体一次。周边 14 个村庄在合作社的带动下，共有 87 户 264 人成功脱贫，充分彰显了合作社在农村发展中的新活力和模范带头作用。

十、电商平台让兰考“走出去”

在脱贫攻坚过程中，大大小小的电商平台为兰考作出了突出贡献，发挥了传统渠道难以企及的作用，收到了意想不到的效果，创造出了惊人的带动奇迹。兰考“五农好”电商平台，就是这其中的代表。

在全社会参与脱贫攻坚的大背景下，河南五农好集团发挥其电子商务创新动力、创造潜力、创业活力的作用，在兰考开启了精准扶贫新模式。在建设新厂区的同时，五农好集团就建起了电商办公楼：拥有高标准电商工作环境、现代智能培训室、百兆光纤、咖啡软座接待室等，电子商务精英在此汇聚，通过“五农好”电商平台，倾力为兰考脱贫攻坚贡献自己的力量。

五农好电商创业园

五农好电商创业园免费为周边农户培训电商知识 23 场 150 人次，免费销售农副产品，为贫困果农销售苹果 20 万斤，提供电商就业岗位 15 个。五农好集团创立的“基地 + 品牌 + 电商”新模式，已经成为乡镇和爱心企业精准扶贫的好帮手。

在五农好电商就业的刘万西说：“我刚来五农好培训的时候，是没有任何电商基础的，经过半个月培训和实操，逐渐掌握了货品的描述、上架、下架、打包发货和客服等，我从无知到熟练、从贫困户到已脱贫户，这些都要感谢五农好！”

兰考新果品“映霜红”鲜桃的持续发展与销售增量也得益于五农好电商平台，鲜桃基地副总经理李国胜提起这事就喜上眉梢：“2018 年我们鲜桃的收入超过了预期。”正是五农好电商平台给了他这份自信，“映霜红”鲜桃通过五农好电商平台远销广州、深圳等地，每公斤能卖到 10 元的好价钱，通过五农好集团销售部、电商部资源，还在全国 300 多家线上线下加盟商的大平台、大市场上进行销售，“映霜红”桃从兰考销往了全国。

仪封乡素有“瓜果之乡”的美称，该乡刘岗村有大量苹果种植户，金秋时节硕果累累，但是每到“丰产”都会遇到难“丰收”的窘境，没有销路，果贱伤农，苹果卖不出去，果农生活保障就成了问题。五农好集团董事长李俊立为此果断做出决策：“要通过现代化信息平台，帮助果农把苹果卖出去！”经过五农好的运作和推广，刘岗苹果很快引起了社会关注，很多外地客商打电话要苹果，有时一天就接到 10 万斤苹果的需求订单。看到这一结果，李俊立为果农们感到高兴：“脱贫攻坚路上的农民兄弟需要信息化，需要平台的力量，是电商平台让落后的兰考走出去了！”

十一、“巧媳妇”撑起半边天

谷营镇金庙村徐爱枝老人今年 75 岁，早年加入中国共产党，已有 50 多年党龄，老伴已经去世，与儿子生活在一起。在工作队和村“两委”的帮助下，她闲时到本村“巧媳妇”就业点学习编藤，每个月能领到 1000 多块钱的工资。老人常说：“还是党的政策好，现在的生活越过越好。”

像徐爱枝老人一样，在红庙镇彩灯加工“巧媳妇”工程点，60 岁以上的老太太每天有二三十个，虽然手脚没有年轻人麻利，但是每天也能挣 40 块钱，每个月收入 1000 多元。以前她们花钱都是向儿子要，现在她们有了零花钱，孙子、孙女放学回家提出“奶奶给我点儿钱，我去买本书，买个本”的要求也能满足了。

谷营镇栗西村“巧媳妇”工程现场会

仪封乡毛古村的“巧媳妇”们正在编灯笼

不光老人们，就连年轻媳妇们现在也忙碌起来了，风光起来了。小宋镇翟庄村“巧媳妇”就业点的孔慧敏，在 2017 年 12 月领到了 4000 多元的工资，是当月的“状元”。在工资发放仪式上，她说：“现在不出村就能领工资，今天俺领到的工资是厂里最多的，俺心里可高兴了，在家里也能挺起腰杆说话了，再也不用伸手跟家里人要钱花了。”

像徐爱枝、孔慧敏这样通过“巧媳妇”工程在家门口增收就业的妇女群众，全县有 7000 余人，她们不仅赚到了钱，还提起了精气神。

以前，农村的劳动力外出打工，妇女在家留守，因为没事做，常常打牌、打麻将消磨时光，对村风民风造成了不良影响。为了扭转这种风气，同时帮助留守妇女增收致富，兰考县通过整合闲置厂房、闲置院落、闲置学校等资源，把生产车间建在村、搬到家，整合资金 2300 万元，大力实施“巧媳妇”工程，让农村留守人员在家门口就能实现稳定就业，做到挣钱、顾家两不误。

“巧媳妇”工程在兰考已经形成规模和气候

兰考县采用“政府引导、企业（能人）领办、妇联参与、社会协同、市场导向”的运作模式，对现有“巧媳妇”工程工作点实行统一编号、统一管理和进一步改造升级：在全县首批建造 50 座“巧媳妇”工程标准化厂房；积极引进适合留守妇女操作的原材料加工项目；制定奖补标准，中国证监会援助近 1000 万元，用于“巧媳妇”工程扶贫车间奖励补助。

在服务管理方面，兰考在“巧媳妇”工程工作点及标准化厂房内开辟公共服务用房，建立“妇女儿童之家”，营造“党建带妇建”的浓厚氛围，帮助女工解决孩子放学后不能正常上工的问题，解除她们的后顾之忧。

在实施“巧媳妇”工程过程中，兰考还创新开展了各类表彰评比活动，力求做到村村皆知“巧媳妇”，人人立志做典型。在 18 座受到奖补的“巧媳妇”工程扶贫车间稳定就业的 100 余名建档立卡户，被评为“最美巧媳妇”，并以“爱心美德公益超市”为依托，结合“爱心 e 家”小程序，每人每月发放 40 分爱心积分，凭积分可以到“爱心美德公益超市”换取所需要的日常生活用品。现在，兰考已评选出“最美巧媳妇”近千名。

通过全县共同努力，“巧媳妇”工程在兰考已取得了实实在在的效果。目前全县共改造、新建“巧媳妇”工程就业基地 139 座，促进 7600 人实现就业，其中建档立卡户 200 余人，年增收 1.26 亿元，做到挣钱又顾家、安居又乐业，成为兰考县产业兴旺乡村振兴道路上的一支生力军。

“巧媳妇”工程的实施得到了社会各界的肯定。老百姓都说：“巧媳妇工程就是好，兼顾庄稼和老小。”河南省开封市委书记侯红在与巧媳妇们聊天时风趣地说：“‘巧媳妇’工程让妇女们守住了家，留住了妈，看住了娃，乐开了花。”

十二、“问题青年”走上创业路

今年 24 岁的王永帅，是兰考县孟寨乡憨庙村六组村民。小学毕业后，无论父母、老师怎么劝说，就是不愿意再上学了。想出去见见世面，怎奈年龄太小，学历又太低，一直没有找到他认为合适的工作。最后索性什么都不干了，玩手机、沉迷于网吧、消磨时光于虚拟世界里，整天无所事事，仿佛只有在那里才能找到自己人生的成就感。父母亲戚朋友的良言相劝，他一点都听不进去。时间一长，在村里成了不务正业、不思进取的浪子。

直到2016年县人社局在各村安排了协管员的岗位，憨庙村协管员曹远标的出现，才把王永帅沉睡已久的积极上进的斗志激发了出来。

按照孟寨乡的统一安排，由乡劳保中心主任郭红伟、村协管员曹远标对王永帅进行结对帮扶。接到帮扶任务后，郭、曹二人多次入户走访，了解其家庭情况后，给王永帅制定了专门的帮扶措施：一方面，多和永帅交心谈心，帮助其树立正确的“三观”；另一方面，鼓励其多学本领和技术。

刚家访的时候，王永帅对他俩很是排斥，认为他俩的到来打乱了他现在认为舒适的生活。但是他俩并不气馁，按照既定的帮扶措施，一步一步慢慢来，在他俩坚持不懈的努力下，终于打开了王永帅的心扉。王永帅开始跟他俩谈心了，有点理想抱负了，认识到自己整天这个样子也不是长久之计，开始咨询就业创业方面的知识。在了解到王永帅想学习制作家具的技术以后，他俩多方联系让他到木星家具厂学习。

在木星家具厂学习的道路并不是一帆风顺的，长期的懒惰再加上学历低，让刚有点信心的王永帅又开始打退堂鼓了。知道了这个情况后，郭、曹二人立即对其进行心理上的再次疏导，让其坚信付出就有收获。沉下心以后，王永帅自知不足，加班加点学习，不懂的地方就多向老师们请教，在较短的时间内，技术得到了飞速提升，厂里的领导对其更是刮目相看。

技术学到手了，在厂里实习了一段时间后，他觉得挣的钱不多，产生了想自己开店的想法，这一想法跟郭、曹二人说了以后，得到了他俩的大力支持，还帮其办理了10万元的创业贷款。

面对如此优厚的条件，年轻人的干劲彻底激发出来了。说干就干，王永帅很快在孟寨的街上开了一家名叫“爱家家具”的店面。目前，经营很好，

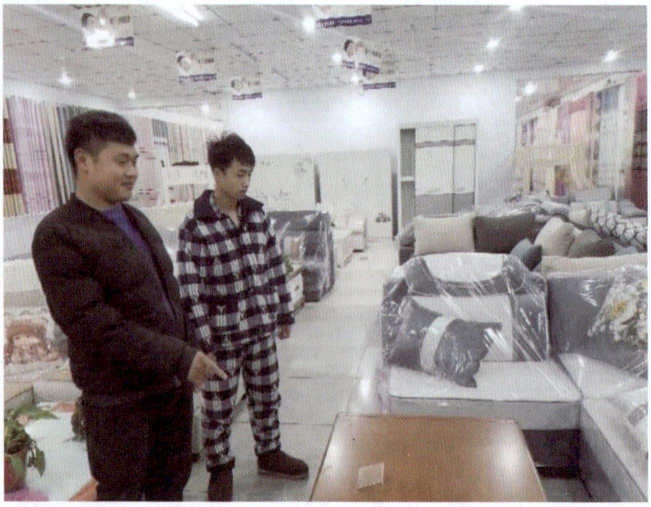

孟寨乡憨庙村六组村民王永帅（右图左一）创业前后对比

旺季月收入能达到上万元。

“在日后无论是生活上还是工作中，我们都将继续和王永帅交心谈心，时刻关注他的动态，帮助其正确面对生活，早日走上脱贫致富的道路。”郭红伟、曹远标依然在关注着王永帅的成长和发展，希望他能尽快担当起来，带领全家实现小康。

十三、政府顶住大病的“天”

在农村，广大群众最怕的就是遇上大病和疑难病，它可以让你家徒四壁、如坠深渊。兰考县在脱贫攻坚过程中出台的健康扶贫政策，正是替这部分贫困户顶住了他们即将塌下来的“天”，让他们重获新生。

■ 魏海鹏：没有扶贫就没有我今天

“假如没有党的关怀，面对每年几十万的治疗费，我家已无能为力，恐怕我早就死了；假如没有国家脱贫好政策，就是卖房卖地我也活不到现在；假如没有大家帮我，我的家早就四分五裂、不成样子，父母没了儿子，妻子没了丈夫，孩子没了父亲。”2019 年新年前夕，当兰考县仪封乡党委书记闫登峰到秦寨村脱贫户魏海鹏家回访时，魏海鹏拉着闫书记的手满含热泪地说。

魏海鹏说，如今他虽然已经脱贫，但每次只要提起自己过去三年这段重生经历时，他都是泪如雨下、泣不成声，因为政府的扶贫政策和医疗关怀让他又一次获得了新生，让他这个家没有因此垮掉。

魏海鹏家原本是一个美满的家庭，2014 年一场大病突然夺走了他家的幸福。那年他患上了严重的红斑狼疮病，被称为“不死的癌症”。为了看病，家里花光了所有的积蓄，三个已出嫁的姐姐为了给他看病，把能卖的都卖了，亲戚朋友能借的也都借了，可病情还是没有好转。可以说，一场病，不

扶贫干部回访魏海鹏，与他谈心，了解其困难

仅让他家回到了贫困窘境，也拖累了一大圈子至亲变贫。乡村干部、工作队得知他家情况后，将魏海鹏纳入了建档立卡户，经常到家中走访谈心，鼓励他战胜病魔，让他重新树立起生活的勇气和信心。

因为享有医疗救助政策，魏海鹏住院治疗的费用几乎全报销了。没有了巨额治疗费用的重压，也就搬走了压在他心头的一块大石头，他家小院里又重新有了笑声。2018 年 1 月他做完手术回来后，乡村干部和工作队还给他买了电暖器、棉被和羽绒服。

闫登峰安慰海鹏说："一切都好起来了，要好好生活，给孩子树立好榜样，你是家里的主心骨，你好了大家都好。以后有什么困难可以直接找我。"接着闫登峰又对旁边的乡村干部说："我们要多深入到群众家里了解群众疾苦，尤其是贫困户和刚刚脱贫户，一定要把党和国家的政策在他们身上落实好，给群众实惠，让群众满意。"

■许建奎：没有政府天就"真塌了"

东坝头镇张庄村十组村民许建奎常年在新疆打工开挖掘机，妻子在家一边照顾一双儿女，一边在周边干点零活，一家四口生活得非常幸福。2014 年他在新疆打工时突发经常性呕吐，不得已回到兰考，下火车时已经昏迷。到县中心医院救治后被确诊为终末期肾病。这一消息对这个让人羡慕的家庭来说好似天塌了一样。

许建奎 2014 年开始治疗，不但花完了自己这几年的积蓄，亲戚邻居朋友也都借遍了。许建奎本人开始不能接受这个现实，每天待在家里不肯出门见人，想不开。年迈的父母忧心忡忡，妻子更是每天偷偷以泪洗面。

2016 年兰考县出台了健康扶贫政策，针对白血病和终末期肾病这两个特殊病种实行"门诊费用 95% 报销"。他所就医的县中心医院为许建奎拿出个性化透析方案，并耐心细致地进行心理疏导，每次透析费用和门诊药费除了基本的农合报销后，剩余部分由政府医疗救助政策兜底。对于许建奎住院时正常报销后的剩余自费部分一般医院都会给予减免。就是从那一年开始，许建奎每周 3 次透析的费用报销后，所负担的越来越少，直至后来基本不用拿钱。从 2016 年开始，兰考县又实行了“家庭医生签约服务”，县乡村三级医生组成服务团队为其建立了健康档案，定期到许建奎家为其健康体检、用药指导、健康宣传等，并送去免费“健康小药箱”，里面配备了体温计、棉签、纱布、感冒药等基本的药品和用具。经过几年治疗，现在许建奎的病情得到了很好的控制并趋于稳定，除了每周定期到县中心医院进行透析，这个病已经不影响他正常的生活，可以从事一些简单的生产劳动。

2018 年 5 月，已经没有把自己当成病人的许建奎在亲戚朋友的资助下，投资 5 万余元开了一家超市，每天前来购物的顾客不断，许建奎的小店渐渐热闹起来。他经常主动与大家说笑，他的父母和妻子也从悲痛的阴影中走了出来。许建奎常说，要没有政府，他家的天真就塌了。

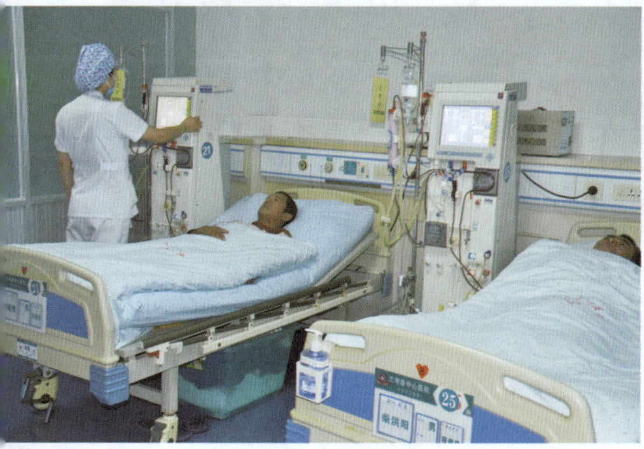

许建奎因肾病接受透析时和病后正常生活接受采访时的对比

十四、求学路上一个都不能少

“虽然灾难让我家变得很贫穷，但我和弟弟妹妹感觉我们却是世界上最幸运的人，因为政府没有忘记我们！”说起自己的经历，在郑州大学读大三的高党辉幸福的眼中充满了阳光和希望！

高党辉是三义寨乡人，有一个弟弟和两个妹妹，但不幸的是，他 7 岁时就失去了父亲，母亲精神残疾，没有劳动能力。由于老一辈人缺乏知识、技能，经济来源少，一家五口就靠伯父伯母和姑姑等亲戚帮衬生活，贫困状况在全乡出了名。

伯父靠微薄的收入，把他们四兄妹拉扯大。非常庆幸的是，因为兰考有好的教育扶贫政策支持，高党辉兄妹四个现在学习很好很顺利，没有一个因为贫困失学或辍学。

三义寨乡学生高党辉考上大学后，经常辅导妹妹们学习

高党辉所在村的驻村干部是兰考三高的副校长和老师，驻村干部几乎天天到他家，给他家送积分卡，宣讲国家政策，督促他们即使家庭困难，也要保持环境整洁。不论何时见到他们兄妹，驻村老师们总是亲切地叫着他们的名字，面带微笑地关心着兄妹四人的学习和生活，并通过努力争取，让他们享受到了应有的助学资助政策。

读高中的时候，高党辉每年会得到建档立卡贫困家庭 3000 元国家助学金和县里资助的 5000 元分阶段教育补贴，不仅不用交学费，而且高中这三年，他还通过县教体局接受着郑州商品交易所每年 1000 元的对口资助，这让高党辉高中三年完全没有了后顾之忧。

2017 年夏天，高党辉收到郑州大学录取通知书那一刻，接到了高中班主任的电话，告诉他县教体局帮他申请了“中西部十二所高校”的免学费名额——大学四年的学费也不用交。暑假里，他还得到了县里考取一本院校的 3000 元奖励和贫困大学生 5000 元资助，县教体局还为他申请到了河南省慈善总会 5000 元一次性资助。上大学以后，他还得到郑州商品交易所每年 3000 元的对口助学金资助。

高党辉说，进入郑州大学后，他觉得自己就是天底下最幸运的人！生在这么好的时代，获得这么多资助，让他无所顾虑地走向更远的地方。不仅如此，现在，他的弟弟妹妹也像他一样接受着国家和县里的教育资助。2018 年，他弟弟考上了中国人民大学，读初中的俩妹妹也正在享受着教育扶贫的惠泽，笃定地求学，以求走出人生困境。

兰考教育扶贫帮助一大批贫困家庭孩子圆了求学梦

是教育扶贫政策改变了高党辉的命运，也改变了他全家的命运。国家的教育扶贫政策支持着他和弟弟妹妹这些从农村贫困家庭走出来的孩子坚持不懈地走上求学路。

“作为新时代的一名青年学生，有国家的资助政策，我对未来充满了希望。”高党辉说，他选择的是电子科技专业，希望自己将来能出国学习，回国后做一名大学老师，在科技报国的同时，能改变更多学子的命运，为国家培养更多人才。

与高党辉类似，在教育扶贫“暖流计划”春风化雨般地滋润下，兰考一大批贫困家庭子女实现了上学梦，甚至圆了大学梦、成功梦，看到了家庭改变的希望和曙光，为阻断贫困代际传递奠定了基础。

第五节　精准脱贫

全面建成小康社会，是我们对全国人民的庄严承诺。脱贫攻坚战的冲锋号已经吹响。我们要立下愚公移山志，咬定目标、苦干实干，坚决打赢脱贫攻坚战，确保到2020年所有贫困地区和贫困人口一道迈入全面小康社会。

——习近平《在中央扶贫开发工作会议上的讲话》

（2015年11月27日）

精准退贫是精准脱贫最后一步，也是非常重要的一步。群众愿不愿意退贫，符不符合退贫标准，退贫规范不规范，科学不科学，真实不真实，都考验着党委政府的责任和智慧。兰考县在退贫时，始终坚守负责、真实、科学、规范的原则，保证让贫困户实实在在摆脱贫困，高高兴兴开启新生活。

一、政府让我有信心脱贫了

赵青江，40岁，三义寨乡杨圪垱村八组村民，视力四级残疾，家有4口人，妻子肢体四级残疾。

因为夫妻二人均有残疾，且子女都在上学，2014年赵青江家被精准识别为建档立卡贫困户，开始享受到多项扶持政策。自来水接到家里，饮水安全有了保障；“五净一规范”活动的开展，改善了其居住环境，提升了其精神面貌；政府积极鼓励他创业，让其免费参加养殖技术培训，联系畜牧

三义寨乡杨圪垱村脱贫后的赵青江

技术人员为其培训指导，提高科学养羊能力，拓宽了致富渠道。2015 年，赵青江家仅养羊就收入 1 万多元，加上其他收入，人均纯收入已超过贫困退出标准。

“以前老觉得苦日子没个头，一喝酒就伤心流泪，有点消极！”赵青江有点不好意思地说，自从手里有了存款后，心里就舒畅多了。他多次向上级提出取消自家的贫困户待遇，他已经有了信心，要自己走出一条致富之路。

脱贫不脱政策。通过国家扶贫政策的帮助，赵青江家发生了翻天覆地的改变——用 5 万元产业信用贷款，新建了 180 平方米的羊舍，搞起了标准化山羊养殖，年收益两万多元；驻村工作队介绍其妻子赵丽到县城新源饭店务工，包饺子、蒸馍，每月收入两千元左右；儿子赵培琦也于 2018 年如愿以偿地考入郑州工程技术学院；女儿赵涵洁在三义寨第二初中就读，学习成绩名列前茅……

“我们家在国家扶贫政策的帮扶下，有了稳定的收入，事实证明，只有靠自己的双手才能脱贫致富。”如今，赵青江一家人日子越过越红火，致富奔小康的信心满满。

二、反复督查助推“真脱贫”

自2015年年底以来，兰考县委县政府督查局和县纪委监察局针对精准识别“回头看”、扶贫政策落实等方面情况，运用全面督查、跟踪督查、交叉督查和点穴式督查等多种方式，敢督敢查、勤督勤查，先后开展39次专项摸排调研，使精准扶贫、精准脱贫的各项措施落到实处，充分发挥督查对脱贫攻坚工作的助推作用。

为切实做好脱贫攻坚退出阶段工作，确保兰考率先脱贫，督查局参与对115个贫困村全面核查，并成立专项督查巡查组进行再次抽查，进一步核查底数，对贫困退出工作进行预评估。

县督查局工作人员在一线督查相关政策落实情况

一是全面核查。根据省定贫困退出标准，督查局制定了《兰考县贫困户、贫困村退出工作督查方案》。2016年12月2日至16日，由督查局、扶贫办牵头，从28个单位抽调64名同志，组成8个贫困村退出调查核实组，按照“1+7+2+5”的贫困村退出标准对全县115个贫困村进行全面调查核实。县督查局对于发现的问题及时建立台账并限期整改，同时采取督查复核制，进行“回头看”，对于整改不彻底、不到位的进行通报或约谈主要负责人等方式，做到整改不彻底绝不收兵。

二是专项巡查。县纪委监察局对贫困村（户）退出标准与程序、“一户一档”标准化档案、“六个精准卷”档案、村庄基础设施和基本公共服务设施建设、产业发展和集体经济等相关规划、12项政策落实情况、“春风行动”和“雨露计划”开展情况，以及对贫困户脱贫标准和脱贫程序的认可度等工作进行专项巡查。特别是2016年12月6日至12月18日，县纪委监察局派出23名同志成立3个专项督查巡查组，对115个贫困村按30%的比例抽村、20%的比例抽户进行巡查，共抽取36个贫困村459户贫困户和16个非贫困村124户贫困户，对其退出情况进行“回头看”。通过巡查，发现非贫困村的贫困户退出存在问题较多，及时向领导作了汇报。针对存在问题、原因及可行性建议撰写出调研报告，为领导决策提供真实依据。兰考县对存在的问题高度重视，立即召开会议进一步安排部署，要求各乡镇（街道）要提高认识，加快整改进度，补齐短板，整改到位，确保真脱贫，脱真贫。

一份份翔实的调研报告、一组组真实的数据，为兰考脱贫提供了参考，助推了兰考2017年2月在全国第一批率先实现脱贫摘帽。

三、纪委擦亮眼睛“保脱贫”

“在精准扶贫过程中，纪检监察机关一直擦亮眼睛去监督，积极护航敢亮剑。”时任兰考县委常委、县纪委书记于庆说。

一是问责追责不含糊。精准识别是精准扶贫的基础工作，这里面是否有造假、优亲厚友现象？2016年6月，由县纪委监察局牵头，在县委县政府督查局、县扶贫办抽调22人，分4个小组，对全县115个贫困村进行了为期34天的全方位监督检查。发现考城镇徐寨村在对贫困户进行识别和建档立卡工作期间，没有对贫困户人口数和户口簿进行对比，造成了贫困户信息与实际户籍信息不一致。县机关事务管理局驻小宋乡南园村扶贫工作队队长张某某填写的6户"一户一档"档案，全部存在错误。

精准扶贫是重大决策部署，但仍有干部把相关要求当耳旁风。2016年6月，县纪委给予时任考城镇党委委员、副镇长的赵某某（分管扶贫工作）党内警告处分，给予考城镇徐寨村党支部书记赵某党内严重警告处分；建议县委组织部调整小宋镇南园村扶贫工作队队长人选。

动员千遍，不如追责一次。纪律处分、组织调整，让全县党员干部深受触动的同时，也坚定了他们把心思沉下去，把身子扑下去，摸实情，办实事的决心和信心。

二是严厉惩处转作风。"拼上老命大干一场"，这是焦裕禄当年掷地有声的话。驻村工作队队员按照"五天四夜"工作制度坚守岗位，到贫困户家中宣传扶贫政策，调查摸底谋划出路。

2016年，兰考县共评选表彰两批70名"驻村扶贫工作标兵"，提拔重用敢啃硬骨头的驻村干部和一线扶贫干部共计124人。

有奖励也有惩处。2016年8月，省督导组对兰考县脱贫攻坚工作进行

纪委工作人员在一线检查相关规定落实情况

暗访时发现，考城镇大王庄村驻村扶贫工作队员不在岗，工作队和群众双向认知率低，贫困户信息登记不全，个别兜底户居住环境脏乱差。

县纪委监察局研究，决定对驻村扶贫工作队队长栗某某全县通报批评、诫勉谈话；对队员李某某、李某通报批评；对考城镇党委书记、镇长全县通报批评，令其作出书面检讨。同时，建议考城镇党委对大王庄村党支部书记王某某降职为副支书。

在随后召开的脱贫百日攻坚促进会上，上述干部被当场点名通报批评。他们无一不脸红羞愧，“背上的汗把衣服都湿透了，后悔死了！”脱贫攻坚成了锤炼干部、转变作风的主战场。

三是坚决捍卫群众利益。“在群众最困难的时候，出现在群众面前；在群众最需要帮助的时候，去关心群众、帮助群众。”焦裕禄是这样说的，也是这样做的。时代在变化，条件在变化，但是党员干部为民服务不能变，干部群众的鱼水深情不能变。

县纪委监察机关始终把查处侵害群众利益的突出问题作为监督执纪的重点，聚焦“小微权力”，向“微腐败”开刀。

考城镇焦李河村党支部书记焦某某领取村办公经费 6399 元后未交村委会会计入账，直接用于该村办公经费支出，被给予党内严重警告处分；葡萄架乡转香庙村党支部书记、村委会主任刘某某将小麦保险款 4500 元占为己有，被给予留党察看一年处分……2016 年，围绕侵害群众利益的不正之风和腐败问题开展专项整治，查处案件 34 件，给予党纪政纪处分 41 人，组织处理 7 人。

县纪委监察局在监督检查中发现，个别村党支部书记对脱贫攻坚工作重视不够，责任意识不强，工作开展不扎实。小宋乡南园村党支部书记孔某某主体责任意识不强，对扶贫工作支持不够；小宋乡北村党支部书记郭某某工作能力不够，大局意识不强，群众对村“两委”班子意见较大；闫楼乡东茨蓬村党支部书记王某某工作能力不强，表率作用发挥不够，不能以身作则，

"以人民为中心"的兰考地标时刻提醒党员干部要为人民利益负责

造成村"两委"班子涣散、工作不力。

为此，县纪委监察局建议所在乡党委免去上述 3 人的党支部书记职务。2016 年，全县围绕懒政怠政、为官不为开展专项检查，查处案件 135 件，给予党纪政纪处分 30 人、组织处理 101 人、诫勉谈话 15 人、移送司法机关 1 人。

四、从"要我脱贫"到"我要脱贫"

像赵青江一样，大部分贫困户在党委政府的帮助下实现了脱贫。有纪委和督查局的保驾护航，脱贫流程和规范做到了尽可能真实无误，但脱贫不是简单的数据成果，更多的还是群众心理上的真心认可。

精准扶贫的目标是实现精准脱贫，退出关键在于程序合规和群众认可。在退出序列中，一些群众不清楚退出标准，个别群众不会算账甚至不认账；少数群众对政策认识有偏差，不想退、不愿退、害怕退；个别贫困户、贫困村在退出时，存在退出程序不严格的现象。

针对这些问题，兰考首先从扭转贫困户思想认识着手，通过不同层面不同范围的集中宣讲和挨家挨户走访，让“脱贫不脱政策”家喻户晓，让贫困户会算账、算清账、能认账。同时加强对贫困户正反典型的宣传报道，形成正向激励，使贫困户进一步树立“脱贫光荣”的意识。在贫困退出程序上，兰考按照中央和省有关要求，结合本县实际，制订了《兰考县贫困退出工作方案》。

引导农民树立“脱贫光荣”的观念

贫困户退出方面，严格按照“1+2+3”的贫困户退出标准（即：贫困人口退出主要衡量标准是该户年人均纯收入稳定超过国家扶贫标准，且不愁吃、不愁穿，义务教育、基本医疗、住房安全有保障）实事求是逐户核查贫困户家庭状况，并按照“两公示、一公告”的程序，对脱贫户、返贫户和新致贫户以张贴红榜的形式进行公示公告，确保贫困户有序退出。

村民们在查看贫困户退出公告

贫困村退出方面，在省定贫困村退出“1+7+2”(“1”即贫困村贫困发生率降至2%以下；“7”即基础设施建设和基本公共服务等7项指标达到标准；“2”即统筹考虑产业发展和集体经济）标准的基础上，又自我加压，增加了5项内容（脱贫发展规划、帮扶规划、标准化档案建设、兜底户精神面貌改观、政策落实），形成了“1+7+2+5”退出标准体系，并严格按照程序考核验收、公示公告。

贫困县退出方面，第三方评估的主要指标是“三率一度”(漏评率、错退率、综合贫困发生率和群众满意度)，核心是群众满意度。2016年10月25日，兰考县聘请了第三方进行预评估，评估结果显示兰考的退出可行度为95.68%，可以稳定退出。

五、严格执行退出程序

2016年12月25日，兰考县正式向省扶贫开发领导小组提出贫困退出申请，12月28日，河南省扶贫开发领导小组对兰考县贫困退出进行了省级核查，并将退出情况向社会公示。国务院扶贫开发领导小组委托中国科学院地理科学与资源研究所对兰考县贫困退出进行第三方评估，评估结果显示，兰考县抽样错退率0.72%，漏评率0.75%，综合测算贫困发生率1.27%，群众认可度98.96%，符合贫困县退出标准。

兰考县脱贫退出第三方评估报告

按照《中共中央办公厅　国务院办公厅关于建立贫困县退出机制的意见》及《河南省贫困退出实施办法》要求，要实现“脱贫摘帽”，还要经过一系列程序。随后，兰考经过县级申请、自查，邀请第三方进行贫困退出预评估，河南省扶贫开发领导小组组织发改委、财政、交通等部门对兰考县进行了省级核查，结果显示，兰考符合相关条件。

2017 年 1 月 9 日至 21 日，国务院扶贫开发领导小组聘请第三方进行评估，2017 年 2 月 27 日，经河南省人民政府批准，兰考县成为我国率先脱贫的贫困县之一。

扫描二维码详看
《拼搏兰考》

03

Chapter

兰考之变

“兰考速度”成就新风貌

增进民生福祉是发展的根本目的。必须多谋民生之利、多解民生之忧，在发展中补齐民生短板、促进社会公平正义，在幼有所育、学有所教、劳有所得、病有所医、老有所养、住有所居、弱有所扶上不断取得新进展，深入开展脱贫攻坚，保证全体人民在共建共享发展中有更多获得感，不断促进人的全面发展、全体人民共同富裕。

——习近平《在中国共产党第十九次全国代表大会上的报告》

（2017 年 10 月 18 日）

在习近平总书记关于扶贫工作重要论述的指导下，如今以统揽经济发展全局为特色的兰考脱贫攻坚战，已经使兰考的一二三产业融合发展体系基本形成，城乡面貌明显改观，人民群众的幸福感、获得感大幅提升，全县经济社会保持健康快速发展的良好态势，得到了社会各界的普遍认可。

“夫兰考之追梦兮，欣慰沧桑正巨变；映古今之镜鉴兮，情怀富庶甲一方。”这是兰考脱贫以后，河南诗人王国钦创作的《兰考赋》中的两句话。曾经，兰考之穷闻名全国；今天，看过兰考的人们，必会惊叹于兰考日新月异的变化。

2018 年，全县 GDP 完成 303.65 亿元，是 2013 年 192.85 亿元的 1.6 倍，年均增长 9.6%；公共财政预算收入 21.5 亿元，在河南省 105 个县中排名第 17 位，增速排名第 15 位，是 2013 年 9.19 亿元的 2.3 倍，年均增长 21.8%；农村居民人均可支配收入 11910 元，是 2013 年 6756 元的 1.8 倍，年均增长 10.7%；金融机构各项存款余额 234 亿元，是 2013 年 114 亿元的两倍多，年均增长 15.7%；金融机构各项贷款余额 180.5 亿元，是 2013 年 44.8 亿元的 4 倍多，年均增长 32.2%；存贷比由 2013 年的 39.2% 增长到 76.2%。

如今，全国各地来兰考交流考察的重点，已由以前单纯学习焦裕禄精神，转变为学习兰考脱贫模式，进而扩展到学习兰考城乡建设、产业发展、改革创新、民生改善等经济社会发展的方方面面。

高速铁路兰考南站

兰考裕禄大道

蓝天白云下面貌一新的兰考新城

第一节　政务新气象

50多年前，焦裕禄书记发出了“兰考人民多奇志，敢教日月换新天”的号召，发誓改变兰考贫穷落后的面貌；2017年，兰考县在全国第一批脱贫，向焦裕禄和全国人民交出了一份满意的答卷。

从“兰考之问”到“兰考之变”，变化的是财富，是环境，是面貌，是在人们心中的印象；不变的，是兰考儿女们对美好生活的向往，对摆脱贫穷落后的坚定决心。

县委书记蔡松涛说：“我们还处于变化之中，虽然现在还没有变得很好，但是这个变化的过程很精彩，我们有信心很快把兰考稳定脱贫奔小康的目标实现。”

一、“感觉焦书记又回来了”

1963年春，焦裕禄亲手种下的那棵泡桐，如今伟岸挺拔，俨然一座丰碑，激励着兰考党员干部。特别是经过2014年群众路线教育实践活动的洗

兰考县下发转变工作作风相关文件

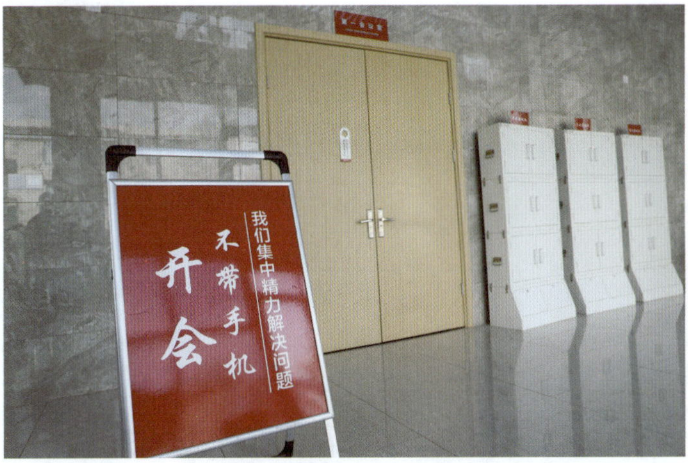

兰考县委县政府大大小小的会议室门前，都挂着这样的牌子

礼，干部作风有了显著变化。老党员孟宪书感慨道：“过去是‘群众有问题，跑腿找干部’，现在是‘干部去串门，问有啥困难’，干部作风大转变，感觉焦书记又回来了。”

“开会不带手机，我们集中精力解决问题！”在县委书记蔡松涛要求下，兰考县大大小小的会议室门口，都挂着这样一个牌子；会议室外，都放着一个手机存储柜。每次开会，会务人员都要首先把大家的手机收上来、存进去，让大家集中精力开会解决问题。

在兰考县还有一个开会习惯，涉及政策制定和行动落实，不再是层层传达，级级开会，而是以问题为导向且有明确目标的“一竿子插到底”全员会议，由县乡村、第三方、责任人、配套方等各方参加的综合性一站式会议，在兰考会议中已成为一种常态，成为一种高效解决问题的形式。

会风变，作风转，工作效率自然提高了。脱贫攻坚以来，兰考县以铁的纪律抓会风、转作风，县委、县政府出台了一系列文件规定，减少会议频次，注重会议实效，严格会议纪律。

现在的兰考，大大小小、各行各业的工作群中，大家凌晨还在讨论工作的事例屡见不鲜。县长李明俊说：“兰考开会都在晚上，因为这样方便党员干部白天进村工作。”

现场解决难题，注重会议实效，在兰考已经成为一种工作模式

驻孟寨乡憨庙村扶贫工作队队员李海利是一个1990年出生的小伙子。2016年，兰考县进行精准识别“回头看”，在整理资料的过程中，李海利接到县扶贫办一个资料送达电话，要求当晚就要送过去。“好！”李海利放下电话说，“不管整理到多晚，今天都要连夜把这些材料送到县扶贫办。”

这次精准识别“回头看”是在全县同步铺开，不只是憨庙村，全县每一个乡镇每一个村，每一名扶贫干部都在加班加点，大家的弦都绷得紧紧的。凌晨一点，全县115个贫困村所有贫困户信息全部收集完毕。

“想重用、先驻村，想提拔、下一线。”兰考把脱贫攻坚作为锤炼干部、转变作风的主战场，先后选拔345名年轻干部，派驻115个贫困村精准帮扶。严格遵守“五天四夜”工作制，坚持不脱贫不脱钩，不拔穷根不撤队伍。

县督查局联合县纪委对全县454个行政村的驻村工作队夜间在岗情况进行督查，事前不打招呼，不走漏风声，事后不讲情面，如实通报。据不完全统计，截至2018年年底，通过督查，对21个单位驻村工作队34名驻村工作队员进行了通报批评，对个人取消评先评优资格，对单位降低目标考核等次。

铁的纪律和奖罚分明的奖惩措施，改变了以往驻村工作队中存在的形式主义，严肃了工作纪律，纠正了工作队驻村沉不下去的浮躁心理及错误认识。如今，工作队和群众亲如一家人，得到了群众的一致好评。

在脱贫攻坚过程中，兰考县培养锻炼了一大批拼搏进取、敢于担当、务实自信的党员干部，这是兰考今后继续赶超跨越的宝贵财富和动力源泉。县委书记蔡松涛说："一线经历可以让年轻干部作风更踏实，工作方式更接地气。有了这样一批干部，兰考奔小康，信心十足。"

二、"咱百姓都认识县领导"

兰考县东坝头镇张庄村贫困户闫春光家，有个人隔段时间便登门造访，进门就拉着闫春光一起进鸡舍，聊家常，谈养殖情况，问他有什么困难。

县领导在贫困村召开现场会，解决扶贫紧迫问题

“来俺家的就是咱县的王书记啊！”闫春光经常对外人自豪地说。

这样的情景，在2014年5月以后的兰考颇为常见，尤其是在条件较为艰苦、脱贫任务较重的贫困村，经常有县级领导走村入户、访贫问暖，甚至在夜晚，还有干部在贫困户家里与他们交谈。

2014年5月9日，习近平总书记亲临指导兰考县委常委班子专题民主生活会以后，全县各级领导班子和基层党支部，认真组织召开了专题民主生活会和基层党组织专题组织生活会，深刻对照检查，真刀真枪地开展批评与自我批评，全县广大党员干部普遍受到了一次严格的党内政治生活锤炼和深刻的思想洗礼。责任和担当，已经深深地印刻在兰考2.1万多名党员干部心中。

自那以后，全县领导干部的日程表中，往基层的安排悄然多了，干部们对村里的具体情况，掌握得也更加全面了。县领导经常下到一线，与村里干部群众一起找路子、想办法，为他们量身定制帮扶措施，寻找致富门路。主抓扶贫工作的县政协主席吴长胜对每个乡镇、每个村的贫困情况，扶贫工作队员的个人情况，贫困户脱贫进展情况，几乎做到了烂熟于心、脱口而出，

县政协主席吴长胜被老百姓称为兰考扶贫的“活字典”

大家在扶贫方面有什么难题和不解，都会向他请教，吴长胜也因此被大家称为兰考扶贫的"活字典"。

县领导在贫困户家了解生活与脱贫情况

在脱贫攻坚期间，兰考县启动"百日攻坚"，县级干部带头每周至少到村住一夜，带动乡镇干部、驻村干部严格落实"五天四夜"工作制。开展"三联三全"活动，54 名县级干部、567 名科级干部和 3000 多名在职干部开展联系帮扶，实现对 150 个重点项目、115 个贫困村和 5729 户贫困户的联系帮扶全覆盖，形成全员上阵、全力参与脱贫攻坚的生动局面。

2017 年 7 月 26 日，县长李明俊夜宿葡萄架乡贺村，与驻村工作队员、村"两委"干部座谈。当了解到为了给蜜瓜找销售渠道，村委会主任张树锋自己到北京跑销路时，李县长对他说："你很年轻，很有干劲，咱们县里会全力支持你们的产业和你的工作。你和县里五农好公司的经理李俊立联系一下，到北京新发地去跑市场，看能不能设个兰考蜜瓜销售专区啥的，钱由政府来出，到时需要县委、县政府出面介绍或者担保的话，你就直接给我说。"

李明俊县长所说的"北京新发地"，就是北京最大的农产品批发市场，单是蔬菜、果品两大项的供应量就占北京市总需求量的 70% 以上。

得到了李县长的全力支持，张树锋跑得更有劲了。经过多次对接协商，新发地看到了兰考的诚意，同意设立兰考馆，成为市场中仅有的两个县级馆之一。同时，北京新发地也与兰考建立了长期合作关系，举办了 2017 年兰考农副产品北京推介会，帮助兰考产品扩大市场。从此，兰考蜜瓜走进了首都人民的家中，两地合作也为兰考蜜瓜产业更好发展、走上高端市场奠定了坚实基础。

2018年11月29日上午，河南省委书记王国生不打招呼，直奔基层，来到了仪封乡代庄村。到村后，王国生书记走进了贫困户龙炳仁家中，了解他家里的基本情况，察看居住生活条件，并向龙炳仁询问了帮扶脱贫情况。当王国生书记问他认不认识乡里的书记、乡长，县里的书记、县长时，龙炳仁笑着说："那咋能不认识？县里蔡书记跟李县长都来俺村可多回了，那乡里的闫书记跟郭乡长更别说了，跟回自己家一样，三天两头地来嘞！"

龙炳仁所说的闫书记，就是仪封乡党委书记闫登峰，兰考宣布脱贫之后，他并没有放松，而是按照县里稳定脱贫的相关要求，为自己制定了一个新目标：要把全乡所有贫困户都走访一遍，了解他们的新需求、新问题，为稳定脱贫和全部脱贫打基础。截止到2019年3月5日，闫登峰对仪封乡1568户贫困户、4865名贫困人口都进行了一次回访，成为全县第一位访遍全乡贫困人群的乡党委书记。

三、扶智扶志提升精气神

在脱贫攻坚战中，贫困群众真切感受到了党和国家扶贫政策带来的实惠，在提升个人技能的同时，也提振了靠自己劳动脱贫致富的信心、志气，走上了脱贫奔小康之路，越干越有劲头，个人精气神也为之一变。

兰考县仪封乡西二里寨村的贫困户马环，丈夫半身不遂，丧失劳动能力，属因残致贫。马环又顾家又种地，空闲时还去周边打零工补贴家用。

马环是一个不服输的人，干劲十足，有较好的种植技术。五农好党支部自2017年3月驻村后，了解到马环家里的特殊情况。于是根据她的特长，与她签订了辣椒种植回收合同。马环在五农好驻村工作队队长王世通的帮助下，种植了4亩辣椒，王世通还为她邀请到省农科院辣椒种植专家进行实地指导。经过马环的精心管理，4亩辣椒在年底收入达到了12056

马环家旧貌换新颜

元。在驻村工作队和村“两委”的协助下，马环用自己勤劳的双手挣来的钱，建了新房。

马环说：“我不能光靠政府，我有手有脚，自己能干多少干多少，心里踏实。我天天早起，把家里的卫生打扫好，做好饭，就下地干活，地里没活的时候就去干零工，不舍得闲着一会儿，我相信靠自己的双手一定能摆脱贫困。2018 年种植收入达到了 23200 元，世通和村干部给俺申请了到户增收资金 5000 元，入股到广春牧业，又申请了产业发展补助资金 1500 元，俺现在是喜上加喜，生活节节高。”老人家不停地夸乡村干部、工作队“比自己的孩子都好”。

焦裕禄书记曾说过：“啥是丢人？好吃懒做，贪图享受，才是真正的丢人。”在贫困人口中，相当一部分人是因为这种原因长期难以脱贫。在脱贫攻坚过程中，兰考在使出各种扶贫绝招、硬招、大招的同时，没有忘记对贫困人口进行扶智、扶志，从根本上阻断贫困人口的“贫源”。

好好打扫自家的卫生，收拾好自家庭院形象，多参与乡村集体活动，可以换来积分券，用积分券去乡里爱心美德公益超市就能换取生活所需用品。“用劳动换积分，用积分换物品”，成为贫困户的自觉行动，爱家、爱院、爱村庄，如今已成为贫困户的一种流行时尚和良好习惯。

马环（左一）和家人们在新房里快乐畅谈

2016 年初，针对弱势群众精神和生活面貌差的问题，兰考依托行业扶贫和“1+3”社会扶贫平台，在全县开展了“春风行动”，按照“五不五有”的标准（不能住危房，要有大门和围墙；不能没门窗，要有玻璃和纱窗；不能没家具，要有床柜和桌椅；不能没家电，要有有线电视和电扇；不能脏和乱，环境要有大改变），重点改善了兜底户的基本生活、居住条件、家庭环境，帮助贫困群众树立生活信心。

2016 年 4 月，兰考再出新规，升级“春风行动”，贫困户通过政府直接扶持改善家庭硬件环境后，如果还能按照“五净一规范”的标准（院内净、卧室净、厨房净、厕所净、个人卫生净和院内物品摆放规范），打理好自家卫生和形象，每周还可以获得积分券，到乡里爱心美德公益超市换取生活物品。

“春风行动”不仅在硬件上改善了贫困户形象，而且在生活习惯上，帮

谷营镇霍寨村赵河家院子改造前后对比

红庙镇关东村赵元林家院子改造前后对比

助贫困户树立了健康的生活观念，养成良好的生活习惯。

除了“春风行动”外，为扭转部分群众伸手等救济的思想，兰考县还狠抓扶贫政策宣传，通过召开群众宣讲会、编唱“扶贫政策七字歌”等多种形式，对贫困户进行思想教育、政策宣传，让贫困户树立脱贫摘帽主人翁意识，发扬自力更生精神，变“要我脱贫”为“我要脱贫”。

兰考县葡萄架乡赵垛楼村，利用“晚间会”，以村民小组为单位，宣讲扶贫政策，开展贫困户干劲评比。通过评比，大家看到了差距，增强了干劲。在脱贫攻坚中，兰考人民深切体会到，扶贫工作中既要送温暖，更要送志气、送信心，扶起来精气神，贫困户有了干劲，这才是长久之计。

九九重阳节孝老敬老活动

张庄村“幸福家园大讲堂”

四、“总书记促咱变成文明村”

在兰考县东坝头镇张庄村，以前村里文化娱乐方式单一，有些人游手好闲，养成了赌博、酗酒的习惯，产生不良影响。2014 年，习近平总书记到

兰考县委宣传部部长朱春艳带头在乡村大力开展移风易俗活动

张庄村召开座谈会，指出要带领村民一起建设社会主义新农村。

为了提高乡风文明水平，张庄村进行了积极的实践探索。中国证监会驻张庄村第一书记王晓楠说，他们与张庄村制定了建设“法治张庄、美丽张庄、文明张庄、幸福张庄、健康张庄”的目标，通过统筹推进“法治”“德治”，最终实现村民“自治”。

每周五晚上七点半，张庄村在村委院内开办“幸福家园”道德讲堂，宣传优秀传统文化美德，村干部也利用这个机会通报村里近期重点工作及下一步计划，“幸福家园”道德讲堂拉近了党群干群关系。群众的积极性非常高，每到这个时间都自发前往参加。截至目前，张庄村已经举办了32期“幸福家园”道德讲堂，平均每期近200人参加。

张庄村还于2016年6月注册成立“东坝头梦里张庄艺术团”，成员20余名，排练了《焦裕禄》《朝阳沟》《花喜鹊》等一批群众喜闻乐见的剧目和自编自演的“三句半”节目，义务为大家演出；编排了以牢记习近平总书记

张庄戏曲进校园活动现场

兰考县组织的“好家风”评选活动

寄语为主旨，由本村学生表演的手语舞《堂堂正正一辈子》。艺术团自成立以来先后为群众演出 180 余场，成为村民交流、宣传政策、对外宣传张庄的重要组成部分。

2017 年 9 月 1 日，张庄村召开村民代表大会通过了十三条村规，对“不执行村‘两委’决策，不参加不配合公共事业建设者”“不执行殡葬管理制度，红白喜事大操大办铺张浪费者”“不孝敬老人，不奉养父母者”等十三类人，以户为单位列入黑名单管理，考察期为半年，考察期内取消该户参加村内开展的文明家庭、美丽庭院等活动的评选资格。

通过干部群众的共同努力，张庄村形成了“人人有事做、有工做、有收入、无闲事”的氛围，村内治安和社会风气明显好转。问卷调查显示，90% 的张庄村村民认为本村治安更好了，矛盾纠纷更少了，邻里关系更加和睦了。2017 年年底，全国文明村镇颁奖仪式在北京举行，张庄村党支部书记申学风作为获奖村代表，在人民大会堂受到习近平总书记的亲切接见。

扫描二维码看《精准扶贫看兰考之乡风文明》

五、“看兰考”活动聚起了社会力量

“你眼中的你不是真实的自己，别人眼中的你才是真实的自己。生活在兰考，这种变化不是太明显，但是在外生活几年回来再看兰考时，才发觉兰考发生了改天换地、脱胎换骨的变化，真是让人没想到！”2019年1月31日下午，在圆满参加完2019年第二批“兰考人看兰考”活动后，5年没回兰考、一直在外工作的刘先生感慨道。

2019年1月27日上午，同样是以这种方式，兰考县社情民意服务中心和县委老干部局共同组织了开封市民考察团之“老干部看兰考”活动，邀请60多名离退休老干部来“看兰考”，依次参观了兰考县仪封乡五农好集团、代庄村、爱心超市，葡萄架乡河南中羊牧业有限公司、杜寨村，南彰镇卫生院、敬老院，堌阳镇徐场村等四个在产业发展带贫、美丽乡村建设、农村养老、民生提升等方面具有代表性的乡镇、村庄。活动结束后，老干部们还为兰考发展提了很多好的建议和思路，对兰考的成绩大加赞赏，对兰考未来充满了信心。

为了激发社会各界为兰考发展献计献策的热情，主动发现发展中存在的不足，树立兰考人稳定脱贫的信心，脱贫攻坚以来，兰考持续开展了一系列“兰考人看兰考”活动。

2016年，为让群众更全面了解城市综合提升工程开展成果，增进对城市提升的理解和支持，主动宣传兰考新气象、新面貌，改善兰考对外形象，增强全县干部群众对实现跨越式发展的信心和决心，兰考先后组织老干部、在外成功人士、教师、学生、医生等16批代表共计1400余人参与“兰考人看兰考”活动。

2018年，兰考县社情民意服务中心组织了“老干部看兰考”“特殊群体看兰考”“退伍军人看兰考”“百名媒妁看兰考”“人民教师看兰考”“小学生看兰考”等不同群体看兰考活动，让不同阶层的兰考群众共同见证兰考日新月异的变化，感悟兰考干群拼搏创新的工作干劲，汇聚兰考发展的正能量，全

“兰考人看兰考”参观人员走进乐器之乡堌阳镇徐场村和县直机关

年共举办 12 批，1200 多人参与了活动。

不同阶层的群众在活动中参观了光大国际、城市会客厅、泡桐森林公园、恒大家居特色小镇、富士康产业园，游览了黄河风景区。在黄河边上，大家看到了马拉松赛道、旅游环道、观光小火车、现代化汽车露营地……纷纷感慨，昔日肆虐为祸的黄河已经变成美丽的观光风景区，连同万亩湿地的生态风光，正吸引着各地的人们来兰考参观、游览、学习。

参加国际扶贫论坛的专家学者们来兰考观摩学习

不同阶层的群众在参观中共同见证兰考经济、环境、基础设施等方面的巨大变化，感受到了在当今兰考干群中焕发的焦裕禄精神，纷纷表示今后一定要紧跟县委县政府的步伐，为兰考的腾飞添砖加瓦。他们的鼓励和建议，让兰考的干部群众对兰考早日全面脱贫、实现小康的目标充满信心。

"现在兰考政府很务实，不仅让大家看，而且看了之后很重视，落实很快！可能正是这个原因，让兰考几年时间发生了这么大的变化吧！"参加2018年"人民教师看兰考"活动的张老师说。当时参加完活动后，她和几位教师提了一个很小的建议：希望福利院的方桌拐角能够加个桌角海绵垫，防止碰伤老人和小孩，造成二次伤害。看到这条建议后，县委书记蔡松涛立即批示"马上改进"，并要求今后"要在各种公共场所举一反三，树立这种关爱和保护弱势群体的人文意识"。很快福利院就对桌椅进行了安全改造，兰考很多与老人儿童相关的公共场所，也都按此安全标准进行了整修改进。

据统计，2018 年参与“兰考人看兰考”活动的群众共提出建议 330 条，归纳汇总报县委县政府 75 条，最终采用了 30 条，这 30 条全部转化成规章制度和相关行动得到了落实。2019 年春节返乡高峰期，兰考举办了两期活动，群众提出建议 40 条，归纳汇总报县委县政府 29 条，最终得到采用的有 10 条。

“兰考人看兰考”活动，加强了县委县政府与人民群众之间的沟通交流，提升了兰考的发展动力，让社会各界人士走进兰考，了解兰考，感受兰考，见证兰考力量的积累和质的改变，倡导社会正能量，从而宣传兰考外在形象，提高兰考知名度，提升兰考干部的精气神，让更多有识之士来到兰考，为兰考发展建言献策，汇聚能量。

央视著名主持人敬一丹，曾于 2016 年 9 月来过兰考，她说，记得 20 世纪 90 年代初，到贫困地区的时候，往往是叹着气走的，甚至是流着眼泪走

老干部们在了解兰考乡村振兴计划

老干部们参观敬老院和卫生院

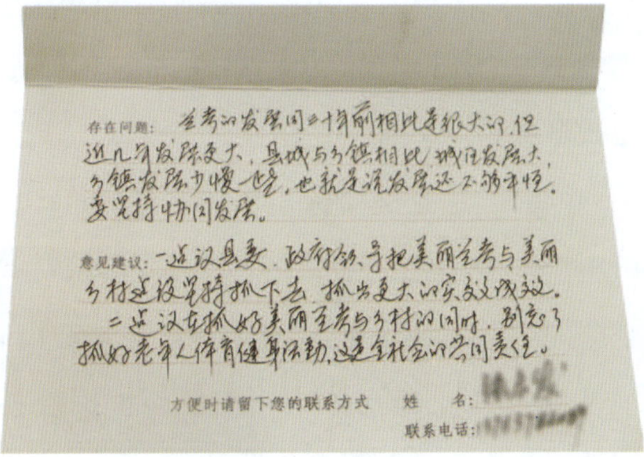

存在问题：兰考的发展同二十年前相比是很大的，但近几年发展更大，县城与乡镇相比城区发展大，乡镇发展步子慢一些，也就是说发展还不够平衡。要坚持协同发展。

意见建议：一建议县委、政府领导把美丽兰考与美丽乡村建设坚持抓下去，抓出更大的实实在在成效。

二建议在抓好美丽兰考与乡村的同时，别忘了抓好老年人体育健身活动，这是全社会的共同责任。

方便时请留下您的联系方式　姓　名：

联系电话：

“看兰考”人员留下的建议

的。但这次从兰考离开，却是带着一股巨大的力量走的。

这种催人奋进的激情和力量，正激励着今天的兰考人民用他们的成绩和决心，走在稳定脱贫奔小康的康庄大道上。这路，越来越坚实，越来越宽广。

第二节 创业新人物

在兰考县“焦桐”旁边，现在已经形成了一片高大整齐、阵容威武的泡桐林。而在“焦桐”对面的焦裕禄干部学院，习近平同志2009年4月亲手栽下的泡桐树如今也枝繁叶茂、昂扬挺拔。不变的是树种，传承的则是一种精神、一种信仰、一种追求。

就像“焦桐”的传承一样，兰考党员干部作风的转变，带动了一大批基层干部和有激情、有干劲的年轻人，兰考从上到下、由点到面形成了一股拼搏创新、干事创业的氛围，极大地推动了兰考脱贫攻坚工作的快速发展。

一、“标兵”引领咱村迈大步

脱贫攻坚进行到啃硬骨头、攻坚拔寨的冲刺阶段，关键时刻必须有召之即来、来之能战的干部队伍。2015年，兰考抽调345名后备干部和优秀干部派驻到115个贫困村。2016年，又对335个非贫困村派驻了驻村工作队员，实现了驻村帮扶全覆盖。

“拼上老命大干一场”，这是焦裕禄当年的铮铮誓言。驻村工作队员按照“五天四夜”工作制度坚守岗位，到贫困户家中宣传扶贫政策，调查摸底谋划出路，脱贫攻坚期间，兰考涌现出了一大批优秀扶贫干部和标兵。

2015年2月，兰考县国土局土储中心主任翟世栋被县委县政府选派到孟寨乡憨庙村，担任第一书记、驻村工作队队长。

憨庙村有2000多人，因为难管理，村里曾经一年换过三次村委班子，多年来憨庙村的贫困面貌没有改变。

翟世栋刚到村时，这里的交通很不方便，有些道路低洼积水，给群众生产生活带来不便的同时也制约了与外界的联系。地里机井少，群众浇地十分困难。基础设施落后，集体经济薄弱。

到村后，翟世栋多方协调，聘请郑州大学城市规划设计院进行了科学规划，协调项目资金修路、铺设排水管道、建设文化广场、打机井、架电线、安路灯，改善村委办公条件，为群众购置音箱和跳广场舞的用品等。

翟世栋与村支书曹留成一起察看村里的排水设施

为了增加农民收入，翟世栋从改变传统农业种植模式、科学种植、规模养殖三个方面实施帮扶，帮助农民开展特色种植3户、养殖34户、板材加工3户；邀请县农林畜牧局农艺师、畜牧师对群众进行技术培训；促成晓鸣禽业投资2900

翟世栋到憨庙村贫困户周兵厂家调研走访

万元、年产100万只的育成鸡项目落户。这个项目可吸纳村内劳动力就业40余人，不仅能有效带动养殖业的发展，还能通过产业带动贫困户脱贫致富。

实事干了不少，但有些群众还存在误解。有一次，翟世栋带着队员们不辞辛苦地走访，听到有几名非贫困户群众说："不给钱物不说恁好，都是作秀呢！""姓翟的，你可没有给俺村办啥好事！"翟世栋听到这些话后，顿时感觉到无限委屈。要知道，这些项目可是他"磨破嘴皮说好话，磨破鞋底跑断腿"争取来的，他像个"叫花子"一样去跑单位、跑资金、跑项目、跑物资，竟然被人冤枉成"作秀"。

"委屈得慌啊！听到这话真想掉泪！农村工作真是太难了，尤其是你做了那么多工作，不被群众理解，感觉到心里头堵、委屈！但我还是要干下去，不能半途而废。谁叫咱是共产党员！"虽然有委屈，但丝毫没有动摇翟世栋坚持扶贫的决心。

翟世栋的坚持和努力终于得到了群众的认可，在憨庙村，一提起翟世栋，老百姓都异口同声地称赞："老翟真是焦裕禄式的好干部，心里装着咱老百姓呢！为村里办了不少好事！"

扫描二维码关注
《真情实感"真扶贫"》

二、稳定脱贫把百姓当亲人

柴华，是兰考县税务局第二党支部派驻红庙镇西刘陈铺村稳定脱贫奔小康工作队队长。两年来，从和群众的不熟悉，到踏遍每一户农家门，融入村民大家庭，有一份激情始终在心中燃烧，在他看来，这就是一种"驻村情怀"。

有一次，老百姓家着火了，一位生活不能自理的老人在房内无法出来，柴华和隔壁村的人社局驻村工作队队长张正天一起，不顾一切冲进火场，因为在他们看来，百姓就是亲人，当时只想着把亲人从火场救出来。

在村里，柴华和村民一起吃过大桌饭，坐过媒人席。在深入的接触中，群众把他当作了“自己人”。他曾带着爱人和8个月大的孩子去贫困户家里亲身感受过，亲人的态度，也从反对转变为理解和支持。

脱贫老大娘向柴华（右）讲起新生活满面笑容

村“两委”的干部都说，“等驻村结束了，华子也不能回去啊，到时候西刘陈铺的全体村民给你集体按手印，给税务局领导发个‘留职状’再干三年咋样？”一句玩笑话，却多么真切！走在村里的大街小巷，经过人群时，有些老人就对他说，“他们都在夸你啊，孩子。”他还逗乐地问：“夸我啥？”

踏上稳定脱贫奔小康之路，就是一段一往无前的无悔历程。驻村干部只有真正与百姓一条心，不断提升能力，创新工作方式和方法，才能让老百姓真正过上好生活。

三、“回乡创业报答乡亲们”

近年来，县委县政府高度重视外出务工人员返乡创业工作，随着兰考一天天变化，该县曾经轰轰烈烈的“外出务工潮”正转变为“返乡创业潮”，形成了“人回乡、钱回流、企回迁、业回创”的返乡创业新局面。

兰考县红兵种植专业合作社理事长贾红兵，是兰考县考城镇人。童年生活比较艰苦，为了养家糊口，初中毕业就辍学和村里人一起走出农村，去建筑工地当木工。由于勤奋好学，很快就独当一面，那年他只有18岁。

2002年，立志创业的贾红兵在外创办了自己的第一个公司，接着又成立了郑州顺发教材有限公司、河南大鼎建筑劳务公司、信阳亚信沙业有限公司、郑州亿鑫建材有限公司。

2014年，贾红兵为了响应政府种植业结构调整的号召，看准时机，大胆转行，和朋友以股份制形式在封丘县、太康县、郑州市惠济区种植了500亩广东菜心，取得了成功。

2017年，贾红兵回乡参加了在焦裕禄干部学院举办的“兰考讲堂”。在会上，北京新发地老总张玉玺讲了蔬菜种植销售和物流的相关知识，县委书记蔡松涛在会上作了讲话。会后，贾红兵深受启发，抱着致富不忘家乡人的理念，回乡成立了河南兰源农业发展有限公司和兰考县红兵种植合作社。

贾红兵和社员在地里劳动

眼下在兰考，种植蔬菜已成为农民发家致富、增加收入的一个重要经济来源。贾红兵的合作社种植广东菜心达到了1400多亩，远销广州、香港、澳门等地，年销售额8400万元，带动贫困户55户，贫困人口110人和乡里近万人一起走向致富之路。

贾红兵在自己的合作社门前

2019年，红兵合作社打算再建日光温室5座、塑料大棚100座，扩大蔬菜种植规模，带动更多贫困户脱贫致富。

四、从小有一个“农场梦”

毕业于河南农业大学的“90后”大学生杨冲亚，从小便有一个“农场梦”。他在电视上看到国外农场主以先进的生产方式管理着成千上万亩田地，非常羡慕，上学时便下定决心，要将这种模式带回兰考家乡，改变家乡落后的农业现状。毕业后，杨冲亚回乡创立了兰考县信禾种植专业合作社。

老话说：“庄稼活，不用学，人家咋着咱咋着。”2014年6月，杨冲亚在流转的土地上种植了300多亩谷子。由于是第一次种谷子，没有经验，他便一直和一条大狼狗做伴守在田里，时刻关注谷子的长势，生怕出现病虫害，日夜吃住在田边一辆报废的面包车里。就这样一年过去了，凭借上学时的知识积累和现场实践，他摸索出了很多经验。

由于管理方法先进科学，杨冲亚种植的谷子品质和收成有了保障。他顺势创办了兰考县第一家小米加工厂，生产的小米通过了农业部绿色食品认证。他还利用“互联网+”平台，采用线上线下的推广销售模式，把他们生产的小米销售到了全国各地，效益非常好。

个人发展不忘乡亲，杨冲亚积极投身于农业科技推广服务，引导乡亲们发展高效农业；引进新品种、新技术，推动农民科学种田。他的信禾种植专业合作社采用“合作社+农户”的合作种植模式，统一为合作农户供种、施肥、打药、技术指导，统一收割、销售，解决了种植户的后顾之忧，带领更多有意愿种植谷子的农户特别是贫困户种植谷子，共同致富。

如今的杨冲亚，真正实现了他做职业农民、当农场主的梦想，他的信禾种植专业合作社有500亩种植基地、3000平方米厂房，并引进日加工小米能力50吨的流水线1套。合作社拥有合作社员600余户，管理土地5000余亩，是全县种植谷子规模最大的一家。

2019年，杨冲亚发展谷子种植面积8000亩以上，购置小米全自动生

兰考“职业农民”典型杨冲亚在自己的谷子地里

杨冲亚信禾合作社加工的成品——桐乡小米

产流水线两条，年产量达到3000吨。后期还将开发加工小米醋、小米粉、小米酒、小米锅巴等一系列产品，延长产业链条，提高产品附加值，带动更多农民增收致富。

扫描二维码看职业农民杨冲亚如何创业

五、“红薯夫妻”为兰考脱贫代言

上海是一个国际化大都市，而在2016年，兰考还是一个国家级贫困县。然而在“红薯夫妻”魏玲与何达华眼中，上海与兰考却因他们种植的红薯紧密地连在了一起。

2014年12月，硒丰农业创始人魏玲第一次踏上兰考的土地时，发现这里有大片平整的黄河古道留下的沉积沙土，当地种植的花生、西瓜、红薯都特别好吃，于是在上海做白领的魏玲与丈夫何达华，毅然辞职来到兰考当起了农民，种起了红薯，建起了硒丰农业兰考基地。

刚开始，他们选择了当地一些比较老的红薯品种，但是各方面都不如人意，购买的种苗出现了病毒感染，最终产量极差，损失惨重。在灌溉浇水环节，最初他们花了五六十万元买了三台大型喷灌机，却遭遇“水土不服”。失败之后，又改用喷灌带，但还是效果不佳，20多万元再次打了水漂。事实上，这样的大型喷灌设备过于浪费水资源，而且因为喷洒力度较大，浇水的时候很容易冲毁红薯垄沟。最后，魏玲夫妇全面改用滴灌系统，终于取得成功，后期的维护成本以及节水的效果也非常好。

通过与省农科院合作，2016年秋天，硒丰农业在兰考推出优良品种“裕禄红”。这种红薯外观漂亮，而且大小无丝，软糯香甜，口感非常好，一经推出，立刻走红。通过电商平台，他们把红薯卖到了北京、上海等全国各大城市，在上海浦东陆家嘴，兰考红薯为“高大上”的金融白领们所喜爱。

硒丰农业引入了现代化机械，采用规模化管理，为兰考农业现代化作出了示范。如今，硒丰农业在兰考县仪封乡和小宋镇分别设有种植基地，种植

魏玲夫妇在自己的兰考分公司

面积3000余亩，为附近的贫困户和留守老人提供了就业机会，高峰时期每天在基地务工的人员达两三百人。围绕红薯，硒丰农业还陆续推出高端有机水果番茄、贝贝板栗南瓜、红薯干、红薯粉条等产品，力争将兰仪薯坊做成全国知名的红薯品牌和深加工农产品品牌，带动兰考的农业产业。

魏玲种植的红薯

硒丰农业带动周边农民增收致富，提升了兰考红薯知名度

来自上海的魏玲夫妇，在创业过程中，既是兰考脱贫的参与者，也亲眼见证了兰考在交通设施和营商环境上的变化。起初，通往红薯基地只有一条狭窄的土路，现在已变成宽敞的双车道柏油马路。起初，每当收红薯的季节，有的村民会借“锛红薯”的理由，到种植基地捡拾红薯，场面一度失控甚至形成哄抢。现在，随着硒丰农业扩大经营，周边村民和贫困户有了稳定的就业机会，他们的收入也提升了，法制意识也提升了，盗抢的案例大大减少。

魏玲说，在他们企业成功的同时，他们夫妻也见证了兰考三年脱贫的奇迹，见证了兰考农民的巨变，她愿意为兰考代言。

经过综合治理后的县城老火车站区域

第三节　城乡新画卷

干部作风转变，发展效果显现。如今的兰考，一个个工业项目拔地而起，一座座农业大棚星罗棋布，一条条河流穿行乡村，一片片泡桐生机盎然。曾经的盐碱地，现在已经是国家园林县城、国家卫生县城、全国文明城市提名城市、全国双拥模范县、全国改善人居环境工作先进县。

一、从“逃荒上车难”到“世界任我行”

“冬春风沙狂，夏秋水汪汪，一年辛苦半年糠，扶老携幼去逃荒。”改革开放前的兰考，百姓中曾流传着这样的民谣。

当时的兰考火车站，百姓拖家带口围在站台，见到进站的火车，不论货车还是客车，只要车一停，就蜂拥而上，拼命挤上去。车拉到哪儿算哪儿，

郑徐高铁途经兰考南站

下了车就开始讨饭。

退休后在开封生活的卜刚，1970 年来到兰考火车站工作。“我刚上班时还是蒸汽机车，车一开过去，站台都是黑的，身上全都是煤粉末。”他记得 1977 年之前，兰考火车站的候车室只有一个很小的售票窗口，“连个正门也没有”。

改革开放后，兰考火车站日渐繁忙。2016 年，郑徐高铁兰考南站投入使用，给兰考带来了更大的活力与商机。2018 年春节，卜刚回兰考时坐了一次高铁，他说，“还没什么感觉就启动了，时速竟能达到 300 公里”。从开封到兰考，只用了 12 分钟，比在开封市区走两条街都要快。

铁路的发展见证了兰考的时代变迁。如今，陇海铁路、郑徐高铁穿境而过，国道 G240、G310、G106 在县城交会；连霍高速、日南高速在境内交叉而过，形成了四通八达的大交通网络。

不光是大交通，与农民生活密切关联的乡村道路建设也让兰考形象为之一变。谷营镇曹庄村，以前是人多地少交通不便，村民常常这样描述自己的生活："晴天一身土，下雨一身泥。村里的道路坑坑洼洼，下雨天根本出不去。"来自河南省公路局的干部葛占伟担任曹庄村第一书记后，短短一年多时间，公路修到了村民家门口，明亮的路灯沿街而立。

在中国流传着这样一句话：要想富，先修路。其实，在兰考，优先发展交通的曹庄村并非个例，周边的村子也都纷纷加快公路修建，完善交通设施。

2009 年和 2019 年的裕禄大道同一地点对比

2017 年春天的裕禄大道

截至目前，兰考县累计完成交通基础设施投资 7.9 亿元，全县路网结构得到不断优化：所有行政村道路实现了村村通，115 个贫困村实现了村内主干道硬化，现有城乡客运干线 126 条，城乡公交线路 10 条，行政村客车通达率 100%，行政村通邮率 100%。

幸福代庄

毛古村大街

裴寨村大街

王茂店村大街

张庄村大街

东埽怀村

兰考县住建局城建科科长陈建阳说："兰考县近几年发展很快，特别是市政基础设施，以前县城的路不好走，路面坑坑洼洼，下雨积水能达半米深，严重影响群众出行。现在路好走了、畅通了、宽敞了，南高速口车流滚滚，成为美丽兰考的南大门的一道景观，整个县城处处散发着兰考人民'敢教日月换新天'的拼搏精神。"

快速发展的兰考，吸引了中国建筑、中国一冶、中电建、中铁一局等一批央企，相继完成了高铁站、济阳大道、南高速出口、西高速出口综合整治提升等一大批精品工程，城乡建设的"兰考范"逐步显现，城乡发展越来越有质感。

基础设施的新变化，折射出今日兰考的大变化：城市日新月异，干群精神百倍，脱贫改变的不仅仅是百姓的生活，更大的变化是通过脱贫，兰考人打造出了"拼搏、创新、文明、美丽"的新风貌。

二、脱胎换骨的兰考新城

脱贫攻坚以来，兰考人民牢记习近平总书记嘱托，践行焦裕禄的"三股劲"，以百城建设提质工程为引领，抢抓机遇，拼搏奋进，积极推进城乡融合发展，掀起了一股科学发展、赶超跨越的热潮。

中山北街棚户区是位于县城人民路以南、裕禄大道以西、中山西街以北、黄河路以东的大片区域，建筑面积近 23 万平方米，居民 640 户。该区域建筑多是 20 世纪六七十年代的老建筑，房屋老旧、布局凌乱、公共设施不足，排污难、排水难、垃圾处理难等问题突出，既制约了居民生活质量提升，增加了城市执法管理难度，也严重影响城市的形象。

2016 年年初，兰阳街道城北社区和城西社区的 100 多户居民相继向兰阳街道提出棚改申请，2016 年 7 月，县委县政府正式启动中山北街改造项目。

在安置房选址过程中，兰考从维护群众利益的大局出发，优先考虑地段好、配套全、有前景的地段规划建设安置小区，让群众真正感受到棚改的好处。中山北街安置房坐落在文体路西段，紧邻行政区，包括 11 栋住宅、两个大型车库，距离第一高中、先锋学校 1.2 公里，成为名副其实的学区房。安置区内道路宽敞，小区内休闲凉亭、人行步道、体育健身器械、照明设施一应俱全。

中山北街棚户区旧貌

统一规划有序规范的沿街门店

兰考新城处处彰显城市形象色

整洁干净的城市街道

富有怀旧色彩和文化气息的城市社区街道

以水润城的兰阳湖城区

兰考新城休闲好去处——上河恬园

在泡桐掩映下的焦裕禄干部学院

人民广场夜景

兰考新城一角

拿到安置房钥匙的兰阳街道城东社区居民陈平高兴地说：“以前在中山北街居住的时候，下雨下雪天就得穿上大胶鞋，路也泥泞不堪，自从我们搬到新居后，环境卫生干净了，小区内设施完善，绿化也在跟进，小区南边的主路，宽敞干净，出入都比以前方便了。”住进自家的新楼房，看着小区周围的环境，他心里既兴奋又踏实。

截至目前，兰考县改造棚户区项目 37 个，拆迁 2.3 万户，拆迁总面积 410 万平方米，建设总面积 2691 亩的五大安置社区，规划建设房屋 16912 套，水、电、气、暖等基础设施完备。安置户的房子敞亮了，街道整洁了，环境变美了，人们的心情舒畅了。

以棚户区改造为突破点，脱贫攻坚以来，兰考县不断加大水、电、气、路等市政基础设施建设，医疗卫生、文化体育、娱乐休闲等功能日益完善，城市管理水平和市民素质不断提升，相继建成兰阳湖公园、文化交流中心、人民广场、“三馆两场”等公共服务设施，打造 10 分钟休闲圈、生活圈、健身圈；建成 3 个城市污水处理厂、光大静脉循环产业园、中水回用、引流工程；推进城区地热能集中供热，覆盖城区 500 余万平方米；以建设彰显焦裕

兰考新城各处夜景

禄精神高地为目标，突出“红、白、灰”主色调，完成裕禄大道、车站路、中山东西街、胜利路街景改造；大力推进“兰考红天地”、兰阳小镇、兰仪古镇等项目建设，彰显兰考历史文化、风土人情、人文特色，让城市更有内涵、更具气质。

在完善城市建设的同时，兰考县认真践行习近平总书记“绿水青山就是金山银山”的理念，全力打造生态兰考。建成了五大国储林、泡桐森林公园、街头游园等一大批绿地项目和上河恬园、青莲湖、凤鸣湖等城市水系，公园绿地服务半径覆盖居住用地面积 560 公顷，覆盖率为 66.67%，市民出行 500 米就能进入一块植物群落富有特色、园林景观效果明显的绿地之中。

如今，兰考县城建成区面积达到 41.8 平方公里，城镇化率达到 39.53%，城市道路总长 230 公里，初步完成现代化城市建设布局。随着全国扶贫办主任座谈会、全国构树扶贫工程现场观摩交流会、全国羊产业大会、全国汽车场地越野公开赛、全省百城建设提质工程现场会等一系列大型会议、大型赛事在兰考举办，进一步向外界展示了新时代兰考的新形象。

三、从没想到能过上这样的好日子

2014 年，习近平总书记在兰考视察时提出的县域治理“三起来”中有一条是“把城镇和乡村贯通起来”。兰考县在脱贫攻坚中，以习近平总书记的指示为遵循，构建城乡空间布局一体化，推动城乡基础设施一体化，促进城乡公共服务一体化，强化城乡产业一体化，着力实现城镇和乡村共赢。

谷营镇的拆迁安置户郭三孬，今年 63 岁，有两个女儿，均已出嫁。在拆迁安置中，他分到了一套 113 平方米的新房。老郭说："以前住的老房子是土坯房，住 40 多年了，墙都蚀了，经常会想到，也许哪天夜里睡着觉，房塌了被砸死都不知道。心里从来没想过会住上楼房。现在搬入新房后，冬天有暖气，干干净净没灰尘，不收物业费，而且还有电梯很方便，现在年纪大了，每天下楼转转，在小区健身区锻炼身体，能多活十几年呀。原来在老房时，4 个外孙都不愿意来，现在一放假，都闹着到我这新家玩，说姥爷家不冷，而且还有电梯。"

谷营镇的拆迁安置区安泰花园

谷营镇安置户家中一角

谷营镇姚寨村新农村社区

同样是谷营镇的拆迁安置户李世民，家有 7 口人，三代同堂，有两个儿子，每人都分有一套房。老李说：“住在安泰花园，里面环境好，安置政策好。二儿子打工回来，看到分的房子，说这一套房子在郑州得值 100 多万元。两个儿子两套房，不闹矛盾不打架。住在这，旧习惯改了，爱干净了，爱收拾了，大儿媳不嫌弃了。以前冬天水管经常上冻，现在天天都可以洗热水澡，用热水洗菜、刷碗、洗脸，从来没有想到能过上这样的好日子。”

谷营镇由原谷营乡和原爪营乡于 2016 年合并而成，位于兰考县北部，距县城 12 公里，为兰考县四个中心镇之一。为使谷营镇深入融合，谷营镇党委、政府决定贯通原谷营乡中心到 240 国道全长 3.4 公里的安泰路，同时建设安泰花园，用于安置部分拆迁户和出售商品房。郭三孬所分到的新房就在这里，房子双水双气，商业街等配套设施也在不断完善中。小区里的居民，过上了城里一般的生活。

“把城镇和乡村贯通起来”的路上，兰考县在脱贫攻坚中同步推进城乡统筹发展，以城乡面貌的大改变提振发展信心、展示脱贫成效，逐步形成了以中心城区为核心，以中心镇为重点，以一般乡镇为支点的新型城镇化发展思路。

兰考农村旧貌

新型城镇化不单是人口集中问题，同时也是贫困地区基础设施不断完善、公共服务水平不断提升的过程。谷营镇根据镇域村庄空间发展现状和产业发展的需求，构建了“六横三纵”的道路交通体系空间结构，并对其进行高标准打造；对镇区进行了净化、绿化、硬化，及沿线立面改造；设置彩色沥青自行车道、花岗岩步行道、临街房屋立面真石漆装饰；美丽乡村示范点建了公厕；持续开展“清零行动”，做到干净、整洁、有序，不留死角。

以前的兰考农村，是又脏又乱；现在的兰考农村，道路更畅了，绿地更多了，夜晚更亮了，街巷变得越来越整洁有序了，群众感受到了发展带来的新变化，参与发展的热情更加高涨了。

畅通和谐、生态自然的兰考新农村

四、张庄走进“美丽乡村”

“咱家人居环境变化真是太大了啊！道路打绿伞，路肩绿地毯；碧水绕村庄，天空呈蔚蓝；街道有路灯，村内有游园；垃圾分类收，村有保洁员；爱护公物好，还有管护员；村村通宽带，自来水安全；摘掉贫困帽，农民笑开颜。”这是在外创业的兰考人谈起家乡变化的共同感悟。

4 年前的张庄村是“雨天一地泥，刮风一脸土”的贫困村，村内道路两侧常年垃圾乱堆乱放，旱厕简陋，蚊虫滋生，污水横流，对村民生产生活造成了极大影响。2014 年习近平总书记来张庄视察后，对当地的发展做出重要指示，干部心里都憋着一股劲，下定决心要把张庄变得更美一些，环境变得更整洁一些，让群众住得更舒心一些。

为了改善卫生状况，村里的党员干部坚持每天早晨 6 点开始 1 个小时的义务劳动，带领群众打扫村内卫生。90 岁的村民李大鹏是有着 68 年党龄的老党员，仍坚持每天佩戴党徽，参加义务劳动。

环境“脏乱差”是张庄村的老大难问题。为了改变这种状况，4 年来，张庄村新修道路4.2公里，主干道、胡同硬化率达100%；新修了下水道和污水管网，实现污水统一收集处理、水资源的再利用。街上的泥泞再也不见了，取而代之的是宽、平、直、净的新村庄。

张庄村原来的村间小道

张庄村现在的幸福路

张庄村依托原有农家院落，开展“美丽庭院”建设，由郑州天河景观公司对农户的庭院进行公益性设计，在不改变结构的基础上对院落进行美化，打造花园式庭院。目前已有两批共计35户完成改造，并定期开展评选活动，激发大家参与建设小家、打造美丽张庄的热情，村内人居环境明显改善。

为了让大家都有活干、有钱赚，张庄村积极组织村民到洛阳、焦作、信阳等地学习发展新理念，鼓励引导村民通过开办家庭旅馆增加收入。

绿树遮阴、环境优美的“梦里张庄”农家小院

村民游文超是一名老党员，妻子因高血压后遗症生活不能自理，儿子因脊椎疾病不能承担重体力劳动，孙子和孙女正在上学，家庭负担沉重。在村

民对发展乡村旅游存疑、普遍持观望态度时，经过党委政府的引导，游文超带头对自家房屋进行改造，作为民俗旅馆接待游客，每年收入五六万元。游文超在自力更生脱贫致富的同时，积极发挥老党员的示范作用，带动31家农户发展农家小院，张庄村的特色旅游产业链也逐步形成。

张庄村利用闲置农房，请专业设计团队进行科学规划，村里建成了300多平方米、藏书一万余册的“桐花书馆”。村民闲暇时可以来这里读书，孩子们可以在这里学习书画，做手工制品，这里成了张庄村的一道亮丽风景。兰考县东坝头镇党委书记说：“我们的‘桐花书馆’，就是比起星巴克也不差哩。”

像张庄村这样的“美丽村庄”，兰考县不止一个。

2015年以来，兰考县按照中央、省、市关于改善农村人居环境的战略部署，结合县情实际，以建设“干净、整洁、美丽、生态、宜居”家园为目

张庄村农民纷纷开起了家庭旅馆

桐花书馆原汁原味的农家大门

张庄村张景枝老人家翻修后的房子

标，开展了净化环境、硬化道路、美化村庄工作，逐步完善了农村基础设施，不断健全农村环境整治长效机制，农村环境面貌取得了显著变化。

兰考县以“四横六纵”城乡路网建设为重点，以“四好农村路”建设为契机，实现了全县各行政村通硬化路；在各村主干道、村头、广场等安装路灯，实施村庄亮化；实施廊道绿化，乡道两侧各打造20米宽绿化带，通村道路两侧各打造10米宽绿化带；村庄内修建了游园、广场，拆除破旧空心院，治理残墙断壁，实现“一园变四园（花园、游园、菜园、果园）”，种花、种草、种树，消灭黄土裸露；在全县全面铺开“美丽乡村”建设，其中第一批36个试点村基本完成，第二批166个“美丽村庄”正在稳步推进，13个乡镇同步实施了镇区综合提升，乡村面貌发生了质的变化。

张庄村打谷场

张庄村西大门

梦里张庄农家院

年代记忆民俗馆

兰考县连续3年在全省改善农村人居环境年终考核中名列前茅，先后荣获“全国垃圾分类资源化利用示范县”、“全国污水治理示范县”、全国“四好农村路”示范县、全省“美丽庭院创建示范县”、全省“乡村振兴示范县”、全省“农村生活垃圾治理达标县”等荣誉称号。2018年4月3日，河南省农村生活垃圾治理现场会在兰考召开，“政府主导、财政支持、市场运作、农民参与”的兰考模式在全省推广。

扫一扫详看《张庄这几年》

五、蜜瓜引领新“三宝”

按照习近平总书记“把强县和富民统一起来”的指示精神，兰考县围绕产业兴旺，全面推进质量兴农、绿色兴农、品牌强农建设。昔日三害肆虐的兰考大地，如今已经成为特色农产品的沃土，勤劳的兰考人，用自己的双手，打造了兰考产业的一张靓丽名片——“兰考蜜瓜”。

葡萄架乡杜寨村支部书记李永健（右一）查看蜜瓜长势

2017 年 10 月，“兰考蜜瓜”通过国家农产品地理标志认证。截至 2018 年，全县建成蜜瓜产业园 48 个，年产量达到 10 万吨；建成冷鲜库 190 座，储藏能力达到 1.3 万吨；葡萄架乡杜寨、小宋乡龙庄和仪封乡毛古村共计 150 亩育苗基地，可满足 1.6 万亩瓜菜种植用苗需求。积极对接北京新发地农贸批发市场、万邦农产品批发市场、华润超市等，开辟销售市场；通过“农村淘宝”和信息进村入户工程，培育兰考蜜瓜电商，拓宽销售渠道；依托河南五农好食品有限公司、河南润野食品有限公司等，对二三级蜜瓜进行深加工，生产蜜瓜醋、蜜瓜干和蜜瓜罐头，推动农村产业融合。

在政府的政策引导下，“兰考蜜瓜”带动蜜瓜产业链从业人员超过 8000 人，带动贫困人口脱贫 2000 人以上。“兰考蜜瓜”正成为兰考特色农产品的优秀代表，帮助越来越多的群众走向稳定脱贫奔小康的康庄大道。

兰考是全国粮食生产大县，农产品资源丰富。以蜜瓜为代表，兰考

小宋乡连片蜜瓜大棚

小宋乡蜜瓜育苗棚区

农民展示自己种植的蜜瓜

兰考县产业集聚区空间规划图

围绕瓜菜产业，大力发展设施农业，以育苗棚和冷鲜库建设为抓手，着力培育名优农产品品牌，推动信息化平台建设，打造瓜菜产业全生产链服务体系。

在绿色畜牧产业方面，发展鸡、鸭、牛、羊、驴、饲草“5+1”畜牧产业，年出栏牛羊驴70多万头、禽类360多万只。建成了以禾丰集团天地牧业、晓鸣禽业等为龙头，集“饲料—养殖—屠宰—食品加工”于一体的全产业链畜牧产业加工园区。在产业集聚区培育屠宰、精深加工、冷链物流为一体的肉制品加工产业集群；同时引进正大、中羊牧业、首农牧业、华润五丰等企业，在乡镇科学布局龙头企业养殖基地，在农村合理种植各类粮食和饲草作物，采用“龙头企业+基地+农户”经营模式，实现一二三产业融合发展。

如今，绿色畜牧产业已经成为兰考县的主导产业之一，现有企业200多家，其中规模以上企业30家，被中国食品协会授予“全国食品工业强县”荣誉称号。

品牌家居、绿色畜牧、循环经济是兰考县三大主导产业。通过招大引强，兰考县吸引了光大、恒大、格林美、正大、富士康等大批知名企业入驻。谋划建设了恒大家居联盟产业园，形成知名品牌家居产业集群，同时配套建设家居电商产业集群，并持续引导更多家居配套企业向乡镇延伸，初步形成多园式分布、立体式发展的产业格局，让不同年龄阶段人群在产业链中稳定就业。在循环经济产业方面，依托格林美、光大国际等企业建设国家级循环经济产业园，以富士康为龙头打造兰考科技园。

与主导产业相配套，兰考县形成了红庙镇门业产业园等7个返乡创业特色产业园，在村和社区形成以堌阳镇徐场村、南彰镇周庄村、葡萄架乡杜寨村为代表的32个创业专业村，建立健全县乡村三级创业服务体系，促使越来越多的农民工返乡创业，以创业带动就业。

突出龙头带动作用，逐步培育出具有兰考特色的产业体系，城乡统筹、一二三产业融合发展充分带动就业的产业布局基本形成。目前，支持有产业发展能力的群众发展产业，帮助没有产业发展能力的群众在产业发展中稳定就业，鼓励没有稳定就业能力的群众自强自立、勤劳增收，已经成为全县上下的发展共识。

兰考鼎丰木业

兰考产业园区一角

第四节 发展新动力

2020年全面建成小康社会，是改革发展成果真正惠及十几亿人口的小康社会，是经济、政治、文化、社会、生态文明全面发展的小康社会。脱贫之后，尽管兰考已经发生了天翻地覆的变化，但基础差、底子薄、综合实力不强的现实依然没有根本改变；与其他已经脱贫的县（市）相比，营商环境还不够优化，产业优势还不够明显；人居环境还不够美丽，群众的主人翁意识还不够强，党员干部在干、群众在看的现象依然存在；在社会扶贫中，“政府热、社会弱、市场冷”的矛盾依然没有彻底解决。面对现状，兰考县主动发力，提前探索，在正视差距和短板中增强加快高质量发展的紧迫感和自觉性，在新的时代、新的起点上推进县域发展高质量。

一、一“加”一“减”强壮产业

脱贫攻坚时期，兰考发展产业是做“加法”，为了贫困群众能够脱贫，发展多种脱贫产业，但这些产业没有形成体系，市场竞争力不强。脱贫摘帽后，在产业发展上逐渐做“减法”，结合地方优势，重点发展“2+1”主导产业，增强贫困人口就业增收能力；依托“5+1+3”特色优势产业，搭建多种利益联结模式，充分发挥产业带贫作用，拓宽群众增收渠道。

最初，兰考发展蜜瓜产业只是鼓励老百姓种蜜瓜，如今，开始在金融扶持、信息技术、产业链条、市场销售等环节提供全方位的保障和服务。产前，群众建大棚，政府给奖补并帮助协调贷款。产中，院县共建，邀请省农科院专家为群众进行全程技术辅导；政府购买设施农业保险，保障群众的风险降到最低。产后，由蜜瓜行业协会与市场对接，一级瓜直接进入市场；对于二级瓜、三级瓜，政府积极扶持本土的合作社、加工企业以保护价收购做

农业技术人员下乡指导蜜瓜生产

兰考县产业集聚区空间规划图

深加工，同时在装备和技术创新上给企业以支持。如此一来，既保护了群众的收益和积极性，又拉长了链条，还扶持了农业龙头企业。

不仅是蜜瓜产业，在红薯、食用菌等其他产业，兰考也都在深化产业化服务，为优化产业结构进行“加减法”。

二、全民上阵改善环境

兰考县仪封乡西二里寨村82岁的代素兰和她的邻居们领着家人三三两两地拿着扫把、耙子、铁锨收集门前墙根边的玉米皮、树叶、柴草，装在三轮车上运到村积肥坑。他们边干活，边自豪地说：“上级发号令，大家齐行动……”像这样欢快的劳动场面在兰考县各村到处可见。

在稳定脱贫进程中，兰考县围绕“净、绿、亮、美、畅”，多策并举，干群互动，综合发力，持续推进人居环境改善。每年在麦收后、秋收后、春节前开展3次农村人居环境整治“清零”行动，对全县所有村庄的大街小巷进行垃圾、杂草的清理工作。要求村内全域环境达到“十无一规范一眼净”（无乱堆乱放，无杂物挡道，无污水横流，无私拉乱扯，无杂草丛生，无私搭乱建，无乱贴乱画，无乱停乱放，无乱栽乱种，无残墙断壁，生产生活物品摆放规范，全域环境整洁干净），所有农户尤其是建档立卡户庭院达到“五净一规范”。

县财政投资购置大型垃圾清扫车和洒水降尘车150辆，全部分配到城乡环卫部门，确保垃圾不落地、日产日清；推进城乡环卫一体化，采取市

人居环境改善后的农家院

秸秆发电厂和垃圾发电厂降低了污染，改善了环境

场化保洁的模式，对全县乡镇村集中开展垃圾收运，对乡镇垃圾中转站、乡村公厕实行标准化管理，同时对所辖村庄道路统一清扫保洁，实现全县村庄保洁全覆盖；从全县建档立卡户中聘用组建了 1702 人的人居环境管护队伍，重点对高速廊道、乡级以上道路、河道和村内坑塘、广场、游园

进行保洁、维护。

在各村，相继开展“沤制农家肥”行动、建筑垃圾“堆山造景搞绿化”行动、“收集破旧衣物换钱”行动。同时，各乡镇试点村和保洁公司联手实施垃圾分类兑奖活动，引导群众积极参与垃圾分类。

对集中收集的生活垃圾，引进光大环保静脉产业园，一期投资3.1亿元的光大生活垃圾焚烧发电项目投入运营，年处理生活垃圾21.9万吨，年发电7719万千瓦时。

积极响应“厕所革命”，大力实施改厕治污，计划利用两年时间，投入1.7亿元，为全县近17万农户改建水冲式厕所、配套建设三格式化粪池等。投入资金2379万元，建设污水管网2.68万米，将农户生活污水处理后达标排放。

三、让受助者更有尊严

中共中央、国务院《关于打赢脱贫攻坚战三年行动的指导意见》指出：“推广以表现换积分、以积分换物品的‘爱心美德公益超市’等自助式帮扶做法，实现社会爱心捐赠与贫困群众个性化需求的精准对接。”其实自2016年，兰考“1+3”社会扶贫模式中就已经开始了这方面的积极探索。

兰考县创新发展的“公益 1+3”社会扶贫模式

为了解决以往扶贫中供需不对称的问题，方便爱心物资统一管理、统一调度，兰考县通过整合各类社会救济、救助资源，动员非公企业主动承担社会责任，在16个乡镇（街道）设立30家爱心美德公益超市。由县总工会牵头，乡镇（街道）出场地，企业出物资，民政部门来管理，固定开放时间，接受群众监督。

2018年10月17日三义寨乡爱心美德公益超市捐赠仪式

兰考县把“庆六一”捐赠钱物改为“送积分”

爱心美德公益超市，线下是体验店，线上是“情报站”，广泛收集群众需求，把碎片化的“情报”，通过超市的“爱心 e 家”功能整合，成为精准帮扶的“大数据”。

在谷营镇爱心美德公益超市墙体上，一面“爱心对接墙”格外醒目，“我想要一个电三轮”“我想要一个烧水壶”……手绘的心愿树上，贴满了贫困群众朴实的愿望，而旁边的“爱心回音墙”上，则贴着社会各界对居民需求的回应。

兰考县通过爱心美德公益超市，把社会主义核心价值观具体到美丽庭院、孝老爱亲、公益服务等实际行动上，贫困群众从被动给予转变为按需挑选，得到了有尊严的帮助，激发了群众脱贫致富的内生动力。

扶贫干部李卫芳驻村扶贫时，通过爱心平台对孩子们进行公益教育

第五节 百姓新生活

兰考县如期兑现“三年脱贫”承诺后，百姓的钱包鼓了，肚子饱了，腰杆直了，怎样让精神生活丰富起来，让心情舒畅起来，让群众更好地享受发展的成果？这是摆在县委县政府领导班子面前的一道民生难题。

2017 年以来，县牢固树立“以人民为中心”的发展思想，将保障和改善民生作为工作的重中之重，不断完善公共服务体系建设，持续加大教育、医疗、养老、生活等方面投入，使群众的获得感、幸福感、安全感更有保障、更可持续。

一、“王扭”扭进了幸福窝

兰考县谷营镇文集村有一位老人叫王守法，因为年轻时拉架子车赚钱养家，落下病根，造成双臂肌无力，失去生活能力。祸不单行，他的妻子在为庄稼喷洒农药时不幸中毒身亡。为了生活，孩子们也外出打工，撇下王守法一人独自生活。他一身病痛，无法正常行走，只能一步一步扭动，村里人都叫他“王扭”。

王守法因为行动不便，生活只能央求别人帮忙。饿了，把买来的馍用绳子拴在膀头处，低头去吃；渴了，桶装水插一个饮水管，低头去喝；病了，只能请医生开几粒药，一粒一粒分开咽掉；偶尔让人帮忙把水、米倒进锅里，生着火，才能吃上几顿煮熟的饭。

2017 年 11 月，民政局稳定脱贫奔小康工作队入户调查，队长宋新鹏发现他正歪在床上啃着干馒头，旁边一个盛着凉水的碗，碗里还插着一根吸管。看到这一幕，宋队长一阵心酸，随后动员村干部、邻居亲戚，一起为王守法开展了养老助老活动，为他清洁院落，做饭送饭。后来还为他引进了一个居家养老的服务项目，志愿者一周去两次，为其洗洗衣服，做做家务，并为他送去了棉衣被子和一些食品。

为从根本上解决他的养老问题，也解除其子女外出务工的后顾之忧，宋队长为他联系了一家养老院让他入住。没想到的是，他却坚决不去，怕去养老院了还是无人管。宋队长便耐着性子做工作，最后王守法才勉强答应试着住一个月。

住进养老院后，起居有专人进行看护，一日三餐，均吃上了热腾腾的饭菜。从冷馍凉水到热乎乎、香喷喷的饭菜，从冷屋凉板凳到温暖舒适的环境，王守法的脸上有了笑容。有人说，这是“工作队春风化雨送党恩，王守法扭进了幸福窝！”

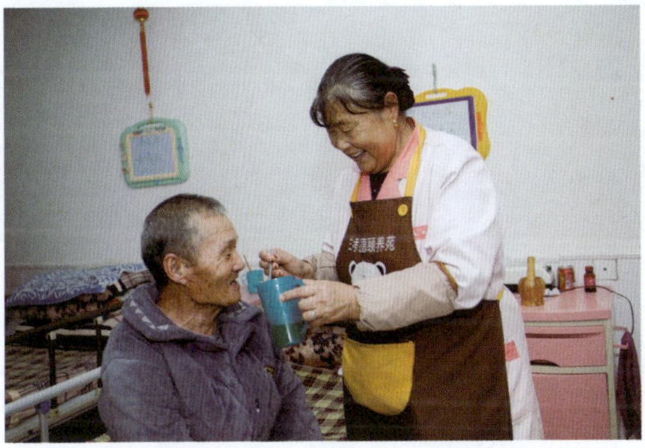

王守法在养老院的幸福生活

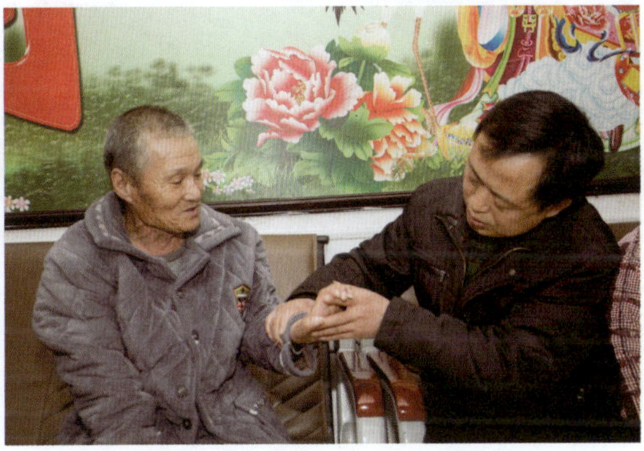

宋新鹏经常关心王守法的身体

在兰考县三义寨乡敬老院，59 岁的院长张基新每天照顾着 66 位五保老人。他亲眼见证了敬老院改造提升后发生的翻天覆地的变化。昔日，院里荒草丛生，路面坑洼不平，卧室冬天冷、夏天热，饭菜单一，旱厕气味难闻，院外老人不想进来，院里老人饱受煎熬。现在，入院的老人们一天三顿有热腾腾、香喷喷的饭菜，穿着统一配发的衣服，坐在娱乐室里看电视、听戏、斗棋打牌，脸上洋溢着笑容。

专业服务人员在照顾着老人们

2017年年初，兰考县按照习近平总书记“要聚焦特殊贫困人口精准发力，加快织密筑牢民生保障安全网，把没有劳动能力的老弱病残等特殊贫困人口的基本生活兜起来，强化保障性扶贫”的指示精神，把敬老院综合改造提升作为脱贫攻坚、加快全面建成小康社会的具体措施。县财政投入资金1200多万元，按照“一乡一品，一院一策”的原则，对三义寨乡、东坝头镇、小宋镇、南彰镇、许河乡、孟寨乡敬老院进行改造提升。2018年，兰考县投资9500万元，新建7所敬老院。同时，兰考县还率先在全省实行了80岁以上老人养老普惠津贴；把分散供养的1863名特困人员纳入政策兜底范围，提高供养标准。

社会保障体系的建设，使兰考县近万名像王守法这样的老人，享受着越来越健全的养老服务，沐浴着新时代的阳光、幸福和快乐。

兰考定期组织各种敬老孝亲活动

老人们在敬老院的生活

各种形式的市场化养老场所

二、“好医生来到了家门口”

“这是我们堪比河南省顶尖医院的十万级空气清洁等级手术室，今年五六月份，附近两名村民骑电动车撞到一起，送到我们卫生院时一名四肢骨折，一名手骨骨裂，伤者家人看到卫生院条件不比县城差，当场决定就在我们这里进行手术。经过几个小时治疗，最严重的四肢骨折伤者圆满缝合，两个多月后恢复如初。”仪封卫生院副院长赵冬说道。

“之前想都不敢想。2016年之前，一名省级专家来院里援助做手术，察看环境后迟迟不愿动手，他告诉我们害怕患者感染，我们也非常无奈。这两年我们条件越来越好，专家经常过来指导，患者满意度增加了，我们也觉得有奔头了。”院长王洪彬感慨不已。

硬件逐步过硬，好医生更愿意“沉下基层”。兰考县中心医院内科大夫李金中来到仪封乡卫生院当副院长，很快成为乡里“名医”；主任医师赵保华也经常到台棚村等进行援助诊疗，乡、村两级卫生机构求诊患者多起来，基层卫生机构运营逐渐步入“良性循环”。

在提升群众就医环境方面，兰考县要求卫生院外立面按照“白色为主、灰色为辅、红色点缀”的主色调进行改造提升，按要求建设功能齐全的候诊大厅，清洁粉刷内走廊和改建水冲式厕所，做到美观无异味、温馨更大方。通过规范医护办公室、改善病房医用设施等，尽力让就医患者感觉舒适。截至 2018 年年底，全县 16 个乡镇卫生院改造外立面 4.6 万平方米，绿化 1.4 万平方米，栽种绿化树 1719 棵，走廊、病房铺换塑胶地板 1.4 万平方米，更换标识标牌 1300 多块，一举改变了群众“卫生院不卫生”的固有印象。各院还在完善便民设施上想办法，除为患者提供饮水、轮椅、单车打气筒、应急电话等便民设施外，还增设了候诊椅，安装了膜结构车棚，配备了充电桩，装修了餐厅，更新了餐具等，满足了不同患者的个性需求。

2017 年 11 月，兰考县全面提升乡镇卫生院综合服务能力，强化医疗服务的薄弱环节，乡镇卫生院服务工作进一步标准化、规范化、精细化，改善群众就医环境、提高医院治疗水平，发挥乡镇卫生院的首诊功能。同时，对全县所有行政村标准化卫生室进行改造提升。2018 年上半年，卫生院门急诊人次比上年同期增长 30.18%，乡镇内就诊率达到了 70% 以上，基本实现了“小病不出村、常见病不出乡”的目标，减轻了群众的就医负担。

改造提升后的仪封卫生院

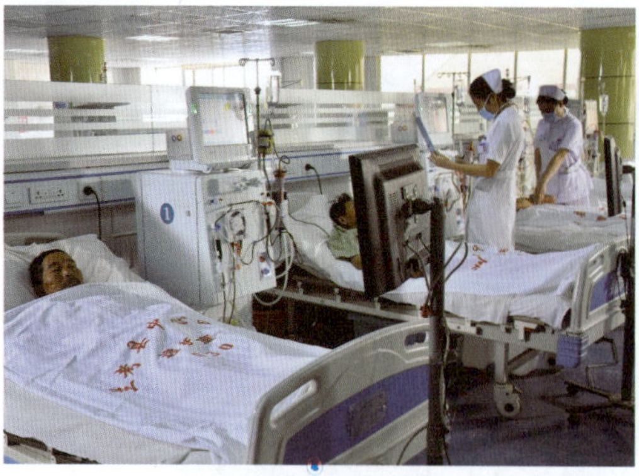

兰考县中心医院病房

仪封卫生院新诊疗室

兰考县不仅在改善硬件上下功夫，在软件和配套服务上，也进行了大量创新。在脱贫攻坚时期，贫困户如果生病住院，要想报销医药费，得拿着医院的发票回来之后，交由驻村工作队员为他们报销。这两年，兰考县将贫困户档案与医保档案进行对接，医疗报销实现了一站式结算。在县内住院，贫困户只需直接缴纳自己承担的部分。这样既减轻了群众的就医负担，又省去了来回跑腿的麻烦。

改造提升后的新韩陵村卫生室

三、让教育阻断“贫困代际传递”

百年大计，教育为本。在脱贫攻坚过程中，兰考非常重视对教育的投入，也深深认识到了教育落后给社会及家庭发展带来的影响，尤其是家庭贫困的代际传递。因此在脱贫之后，兰考加大了对基础教育的投入。

2016 年，115 个贫困村有学校 81 所，其中，不达标学校有 70 所，有的学校房屋紧缺、漏雨，没有教师周转房。从 2016 年 9 月开始，到 2017 年年底，兰考县对这 70 所学校集中进行改造，实现了全部达标。2017 年至 2018 年，又实施了中小学综合整治提升工程，新建 13 所公办幼儿园，改扩建 3 所，有效缓解了学前教育学位不足问题；实施改薄项目学校 112 所，建设义务教育标准化项目学校 18 所，改造学校 77 所，消除了城区义务教育大班额现象，促进义务教育均衡发展。

为增强全县教师队伍力量，2017 年至 2018 年，兰考县面向社会招聘教师和特岗教师共 1200 名，全部充实到乡镇中小学教学一线，并对任职 5 年

改造升级后的兰阳街道第二小学

"三馆两场"的提升改造进一步完善了兰考县教育基础设施

以上的小学校长进行交流轮岗。同时，建立了国培、省培、县培和校培四级联动机制，近5年共培训教师7500人次。

为实现对贫困学生的精准资助，2016年至2018年，兰考县共发放国家、省、县三级学生资助资金2.692亿元，资助学生13.1万余人次，同时还实现了城乡义务教育“两免一补”资金和生均公用经费基准定额资金随学生流动，增强学生就读学校的可选择性。

为让贫困户掌握一技之长，真正实现“就业一人，脱贫一家”，兰考县建立了职业教育和技能培训相结合的职教体系，利用省特色院校建设项目，提升全县职业教育办学水平；引入社会力量，与企业合作办学，对建档立卡贫困人员进行技术培训，并给予补贴或推荐到当地的富士康、恒大等企业工作。2017年至2018年，共培训建档立卡户166人，全部由财政补贴学费。

升级改造后的中小学校

四、“煤改气”改出农村生活新天地

为了建设生态环保绿色兰考，提升城乡居民生活质量，脱贫攻坚以来，兰考推动了“煤改气”系列工程，城市人取暖用的小煤炉没有了，改用清洁能源地热供暖，农村做饭生火用的煤炉不见了，用上了天然气。兰考的天越来越蓝了，老百姓的生活方式也发生了翻天覆地的变化。

2018 年编制完成了《兰考县“气化兰考”实施方案》，根据“安全、经济、方便管理”原则，形成 4 个供气区域。截至 2018 年年底，铺设燃气主管网长度约 120 公里，铺设分支管线约 1200 公里，5 个乡镇约 40 个行政村具备通气条件。根据计划，到 2019 年年底，兰考县将实现天然气“村村通”，满足乡镇居民和工商业用户生产、生活用气需求。

兰考农村“煤改气”，改出生活新天地

在兰考县城，以前也有供暖，但供暖方式主要以燃煤锅炉供暖为主，不仅影响空气环境质量，还易造成严重的水资源浪费。脱贫之后，兰考启动了地热供暖计划，成立了专业运营公司。2017 年至 2018 年供暖季，兰考绿能清洁能源有限公司建设了四个热力能源站、八个小区换热站，目前地热供暖面积已达 120 万平方米，替代标准煤 3 万吨 / 年，减排二氧化碳 7.86 万吨 / 年、二氧化硫 255 吨 / 年。地热供暖让兰考人过上“暖冬”的同时，也缓解了环境污染的压力，推进了农村能源革命的全面实施。

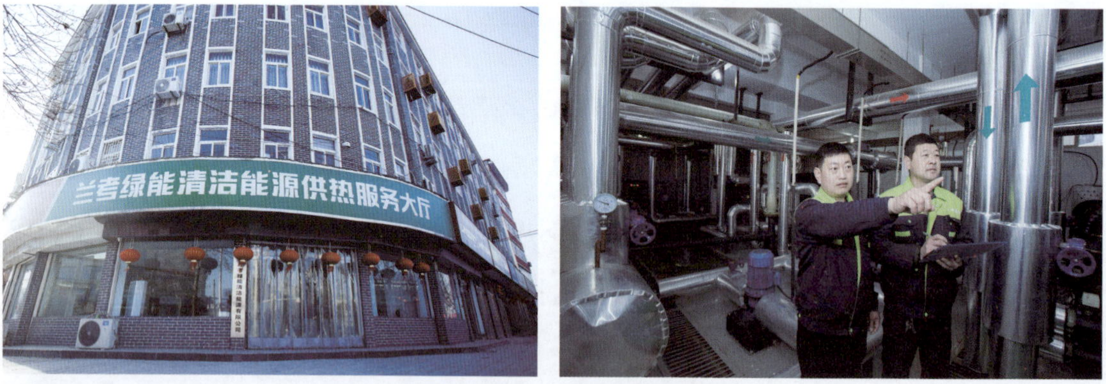

兰考绿能清洁能源有限公司

04

Chapter

兰考之鉴

中国式脱贫的“县域典范”

让人民过上好日子，是我们一切工作的出发点和落脚点。我们将坚持在发展中保障和改善民生，不断满足人民日益增长的美好生活需要，不断促进社会公平正义，使人民获得感、幸福感、安全感更加完善、更有保障、更可持续。我们将持续推进精准扶贫、精准脱贫，实现到二〇二〇年我国现行标准下农村贫困人口脱贫的目标。全面建成小康社会，十三亿多中国人，一个都不能少！

——习近平《在亚太经济合作组织会议上的讲话》

（2017 年 11 月 10 日）

2018 年 10 月 17 日，一个特殊的日子，第 5 个国家扶贫日，也是第 26 个“国际消除贫困日”。国务院扶贫办在北京举办了以“决胜 2020”为主题的脱贫攻坚展览。

在当天展览上，中共中央政治局常委、全国政协主席汪洋，中共中央政治局委员、国务院副总理、国务院扶贫开发领导小组组长胡春华，国务院扶贫开发领导小组副组长、办公室主任刘永富三人看过《前言》后，在第一个脱贫案例县——兰考县的展板前停留下来。听了兰考县长李明俊和“驻村扶贫工作标兵”张素英的介绍，三人顿时兴致勃勃，又从头到尾看了一遍兰考县的展览内容。在问了李明俊县长几个问题，听张素英详细讲解了兰考脱贫的做法和老百姓的反馈后，三位领导对兰考的成果赞不绝口，当场表示，有机会一定要去兰考看看，亲眼看一下兰考究竟发生了多大变化。他们都想知道：是什么让兰考这样一个曾经全国有名的贫困县，在短短三年时间迅速脱贫、脱胎换骨？

其实不光他们三位领导，更多奋战在脱贫攻坚一线的工作人员、更多身处脱贫之中的老百姓、更多关心世界脱贫的国外人士，也都特别想知道：兰考是依靠什么实现了这个目标？它有哪些成功经验？它的哪些做法能给脱贫这个世界性难题以重大启示？

汪洋同志在 2018 年“决胜 2020”脱贫攻坚展兰考展区

兰考之所以顺利脱贫摘帽，正是该县深入落实习近平总书记重要指示精神，以实际行动树牢“四个意识”、坚定“四个自信”、坚决做到“两个维护”的结果，也是兰考将传承弘扬焦裕禄精神转变工作作风这条主线贯穿脱贫攻坚始终的结果。

回顾脱贫攻坚实践，兰考县感悟最深的就是，坚定不移地把习近平总书记关于扶贫工作的重要论述学懂弄通、落实落细。当脱贫攻坚遇到困难时，当工作打不开局面时，当遇到新情况新问题时，兰考就从习总书记的重要论述中找方向、找方法、找标准。正因如此，脱贫攻坚才能始终沿着正确方向前进，才能取得让群众满意的脱贫实效。兰考在脱贫攻坚过程中，共有四个方面实践和经验值得借鉴学习。

第一节 担好脱贫统揽全局“这副担子”

习近平总书记强调，要把脱贫攻坚作为“十三五”期间头等大事和第一民生工程来抓，坚持以脱贫攻坚统揽经济社会发展全局。兰考围绕把统揽落实落细，深刻领会开展精准扶贫、精准脱贫的重大战略意义，把习总书记关于扶贫工作的重要论述落实到科学发展、有效治理之中，重新审视发展思路，优化产业布局，厘清城镇化路径，改善民生保障，以精准的理念推动各项扶贫措施有效落实，进一步转变干部工作作风，拉近党群干群关系，不断提升广大群众对党委政府的满意度和支持率，真正做到了以脱贫攻坚统揽经济社会发展全局。

脱贫攻坚对于贫困县来说，不仅是一副老担子，而且是一副重担子；各级部门不仅要勇于担担子，而且要善于担担子；不仅要眼观六路、耳听八方看清道路，而且要善于用力、找准发力点，持之以恒，把担子担到终点。兰考脱贫攻坚这三年，正是因为县

一张蓝图绘到底的统揽全局发展理念
贯穿到了各项工作中

委县政府在脱贫攻坚这副担子上担得好、揽得好，目标明确、用力得当，真正做到了以脱贫攻坚统揽经济社会发展全局，全面发展，均衡推进，才使兰考实实在在脱了贫，才有兰考今天健健康康的发展。如何做到统揽，兰考在三方面进行了实践。

一、思想认识上统揽

思想是行动的先导，正确认识脱贫攻坚的意义是打好脱贫攻坚战的思想基础。兰考深刻认识到，脱贫攻坚是贫困地区补齐短板、实现小康的根本途径，更是通过精准扶贫转变干部作风、锤炼干部队伍、密切党群干群关系，夯实党的执政基础、实现“两个一百年”奋斗目标的战略安排。所以，必须坚定不移把脱贫攻坚作为兰考的头等大事和第一民生工程，所有工作都服从服务于脱贫攻坚。

在具体工作中，县委常委会每月要专题研究脱贫攻坚工作，县委书记带头解读和宣讲习近平总书记关于扶贫工作的重要论述；县领导和行业部门负责人带头学精神、悟政策，到一线去解决问题；强化扶贫办职能，由以往的业务部门转变为综合协调、统筹指导的牵头部门，作用发挥充分彰显；乡镇（街道）班子成员每周日晚上提前到岗，会商研究下一周脱贫攻坚等重点工作；脱贫攻坚真正成为各部门共同参与的中心工作，成为提高八种本领的主

每周定期举行脱贫攻坚领导小组工作推进会

通过“兰考讲堂”统一思想

战场，人人都是参与者、没有旁观者的合力攻坚氛围愈发浓厚。

二、组织力量上统揽

在脱贫攻坚过程中，兰考县注重完善责任体系，脱贫后，他们制定了《兰考县2018年稳定脱贫奔小康实施方案》和《兰考县稳定脱贫奔小康三年行动计划》，还制定了《关于进一步完善脱贫攻坚责任体系的意见》，清晰界定各县级干部责任分工及各行业部门的责任。此外，兰考县注重健全统揽机制，建立了“书记县长负总责、四大班子齐上阵”的工作机制，纪委书记牵头督导行业扶贫，统战部长抓社会扶贫，宣传部长抓移风易俗等，思想上的认同，带来了行动上的协同，实现各自分管工作与脱贫攻坚精准融合。

三年脱贫攻坚行动计划实施后，兰考县每周召开稳定脱贫奔小康指挥部例会，每月组织县乡村三级4000多名一线扶贫干部，召开稳定脱贫奔小康

县委常委班子成员把组织生活放在焦桐下过，宣誓勇挑脱贫重担的决心和信心

巩固提升工作推进会，解决抓落实“最后一公里”的问题。压实各级责任，按照习总书记提出的“五级书记”抓扶贫重要指示精神，书记、县长带头深入走访，每月至少5天深入一线研究解决各类问题。分管县领导根据工作进展情况分口召开周例会研究落实本领域工作；指挥部下发一周重点工作安排，为乡镇（街道）、驻村工作队提供工作抓手和遵循。各乡镇（街道）党（工）委书记带领责任组长、村支部书记、村主任、驻村工作队员，入村走访建档立卡户，掌握实情，排查问题，完善提升。截至2019年5月，已累计走访贫困群众8236户次。

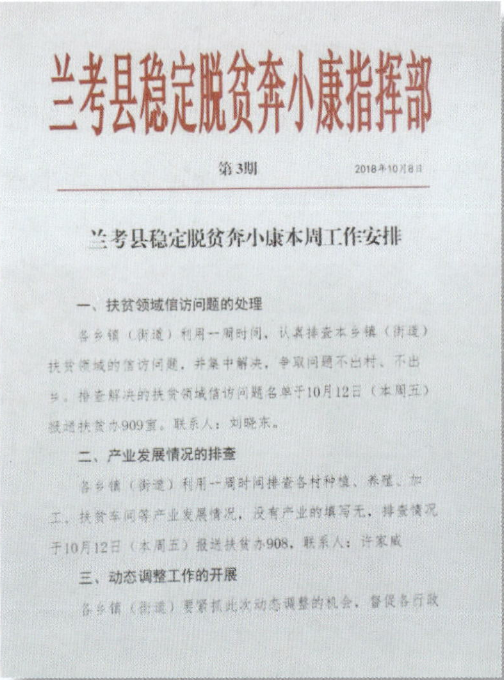

兰考县稳定脱贫奔小康指挥部

第3期　　2018年10月8日

兰考县稳定脱贫奔小康本周工作安排

一、扶贫领域信访问题的处理

各乡镇（街道）利用一周时间，认真排查本乡镇（街道）扶贫领域的信访问题，并集中解决，争取问题不出村、不出乡。排查解决的扶贫领域信访问题名单于10月12日（本周五）报送扶贫办909室。联系人：刘晓东。

二、产业发展情况的排查

各乡镇（街道）利用一周时间排查各村种植、养殖、加工、扶贫车间等产业发展情况，没有产业的填写无，排查情况于10月12日（本周五）报送扶贫办908，联系人：许家威

三、动态调整工作的开展

各乡镇（街道）要紧抓此次动态调整的机会，督促各行政

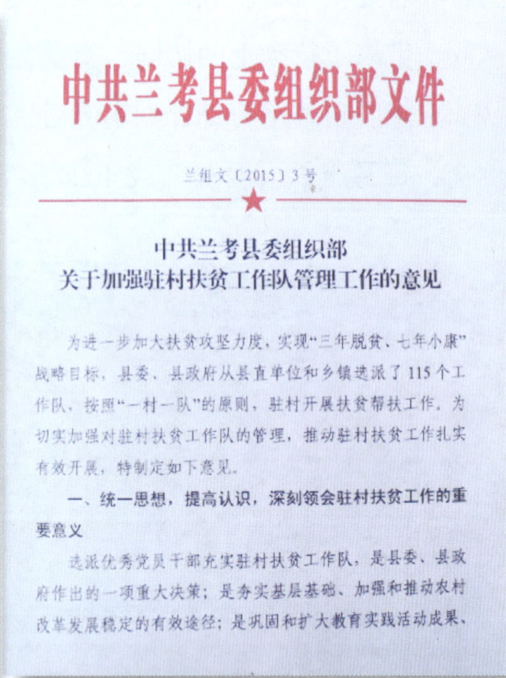

中共兰考县委组织部文件

兰组文〔2015〕3号

中共兰考县委组织部
关于加强驻村扶贫工作队管理工作的意见

为进一步加大扶贫攻坚力度，实现“三年脱贫、七年小康”战略目标，县委、县政府从县直单位和乡镇选派了115个工作队，按照“一村一队”的原则，驻村开展扶贫帮扶工作。为切实加强对驻村扶贫工作队的管理，推动驻村扶贫工作扎实有效开展，特制定如下意见。

一、统一思想，提高认识，深刻领会驻村扶贫工作的重要意义

选派优秀党员干部充实驻村扶贫工作队，是县委、县政府作出的一项重大决策；是夯实基层基础、加强和推动农村改革发展稳定的有效途径；是巩固和扩大教育实践活动成果、

确保工作高效有序开展的文件

三、发展实践上统揽

2014年，习近平总书记在兰考调研时，就县域治理发表了“把强县和富民统一起来，把改革和发展结合起来，把城镇和乡村贯通起来”的重要论述，这为兰考以脱贫攻坚统揽经济社会发展全局指明了方法路径。围绕“把

强县和富民统一起来”，兰考县深入研究供给侧结构性改革，因地制宜找准选好产业发展路径，培育壮大了品牌家居、绿色畜牧和循环经济三个主导产业，初步形成城乡统筹、一二三产业融合发展的产业体系，带动贫困群众增收致富；围绕“把改革和发展结合起来”，兰考县集中精力以改革创新释放发展活力，积极推进民生事业建设，着力构建县域改革体系和公共服务体系，群众的认可度、满意度、幸福感大幅提升；围绕“把城镇和乡村贯通起来”，兰考县坚持走具有地方特色的新型城镇化路子，在脱贫攻坚中同步推进城乡统筹发展，以城乡面貌的大改观提振发展信心、展示脱贫成效。

习总书记在兰考调研时的重要指示精神，为脱贫攻坚工作提供了根本遵循

第二节 “精准靶手”打出高环数

习近平总书记强调，扶贫开发贵在精准，重在精准，成败之举在于精准。落实“六个精准”要重点解决好“扶持谁、谁来扶、怎么扶、如何退”的问题。

脱贫前，兰考欠下了历史债、发展债、时机债等，如同一个个需要射击的靶一样，时间短，任务重，必须有好靶手，精确瞄准才能定向打中。兰考紧紧围绕习总书记提出的“六个精准”，以问题为导向，深入研究，综合施策，靶向治疗，以较真促认真，以碰硬求过硬，切实把精准的要求落实到脱贫攻坚各个环节。

各级干部深入一线确保“六个精准”落实到位

一、找准“扶持谁”

在先期对贫困户识别的基础上，兰考县组织驻村工作队员、包村干部、村干部，严格按照识别标准和程序，多次对全县所有行政村逐户逐人拉网式排查，确保“应进则进、应出尽出、应纠则纠”；抽调优秀扶贫干部，严格审核，统一标准，集中将识别结果及时录入建档立卡信息系统，提高了档卡信息准确度；在全省率先开展标准化档案建设，规范乡村户三级档案体系，为精准施策提供了最基础资料。

党员干部到贫困户家里了解相关信息

驻村干部在扶贫户家中了解情况

县扶贫办干部与贫困户商议脱贫路子

二、用准“谁来扶”

脱贫攻坚期间，兰考县在全县科级和后备干部中抽调 345 名优秀干部，进驻 115 个贫困村开展帮扶，对 335 个非贫困村明确一名乡镇优秀干部专职从事基层党建和扶贫工作，确保贫困村和非贫困村驻村全覆盖；对驻村工作队员开展多轮次业务培训，通过选树标兵、分区域排查、逐一“过筛子”考试，确保扶贫政策落实到位；强化对工作队的政策、资金和生活保障，解除其后顾之忧，确保驻村工作队员“住得下、干得好、可带富”。

通过培训提升扶贫干部的工作能力

三、切准“怎么扶”

在脱贫攻坚过程中，兰考县通过不断探索，建立了专项扶贫、行业扶贫、社会扶贫“三位一体”的大扶贫格局。

专项扶贫方面，针对以往扶贫政策大水漫灌等问题，将扶贫对象细化分类，整合各类项目资金和措施，针对不同类别的群众制定了12项有针对性的具体帮扶措施，因户因人对应施策，为工作队提供了有效工作抓手，避免了帮扶过程中易产生新的不平衡问题。

行业扶贫方面，针对行业部门之间协同配合不够，扶贫政策推进慢、落地难等问题，由县扶贫办牵头谋划协调，实行台账化管理，纪检监察部门督促落实，推动贫困村基础设施和公共服务整体提升。每年 6—8 月列出下一年的攻坚任务清单，部门乡镇围绕清单报项目，县里整合资金，研究确定资金投向，既解决了“吃偏食”现象，又避免了重复浪费，使资金更加聚焦脱贫攻坚。

谷营镇扶贫干部在村里慰问老人，了解政策落实情况

社会扶贫方面，针对社会爱心捐赠与贫困群众个性需求对接渠道不畅通等问题，由县委统战部牵头，县总工会、团县委、县妇联、县工商联参与，建立了以“爱心美德公益超市”为平台，以“巧媳妇”工程、人居环境扶贫、助学扶贫为支撑的“1+3”社会扶贫模式，贫困群众“以劳动换积分、以积分换物品”，实现了爱心帮扶精准到位。

四、把准“如何退”

在脱贫验收过程中，兰考县严格执行贫困户、贫困村、贫困县退出标准和程序，按照统筹指导、分级验收的要求，对脱贫户、脱贫村以张贴大红榜的形式进行公示公告，增强群众知晓率；在省定贫困村退出“1+7+2”标准的基础上，主动增加脱贫发展规划、帮扶规划、标准化档案建设、兜底户精神面貌改观、政策落实 5 项内容，健全退出标准体系，确保了退出精准。

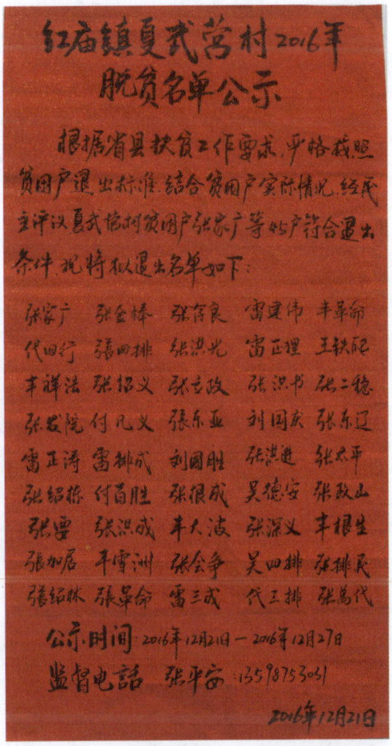

红庙镇夏武营村脱贫公示

第三节　改革创新激活兰考“一池水”

习近平总书记强调，脱贫致富终究要靠贫困群众用自己的辛勤劳动来实现。要做好对贫困地区干部群众的宣传、教育、培训、组织工作，让他们的心热起来，行动起来，靠辛勤劳动改变贫困落后面貌。

一个地区的贫困，除了受自然条件、社会因素制约外，更主要的还是干部群众内生动力不足，必须充分发挥基层党组织战斗堡垒作用和党员干部先锋模范作用，用党员干部的主动唤起群众的互动，进而带动群众的自觉行动。脱贫前的兰考，如同一个装满沙丁鱼的鱼槽，有无奈，有懈怠，有观望，有牵绊。正是县委县政府把脱贫攻坚这条大鲶鱼放入了这个鱼槽中，才激发出了众多令人惊艳的创新举措，激活了兰考人脱贫致富的信心和决心，激发了兰考上下脱贫攻坚的内生动力。

兰考县创新中心

一、激发干群内生动力

焦裕禄书记说过：“干部不领，水牛掉井。”兰考县把脱贫攻坚作为锤炼干部作风、提升能力本领的主战场，连续三年开展“百日住村”活动，县级干部以上率下，每年集中三个多月每周住村一夜，走访贫困群众，解决实际问题，激励干群斗志；开展多种形式务实精准的业务培训，逐步解决了扶贫干部“不会干”“干不好”的本领恐慌问题，仅2016年脱贫攻坚期间，解决实际问题的县乡村三级干部会议就召开了7次，干部帮扶能力强了，干活也有了信心和底气；扶贫工作中既要送温暖，更要送志气、送信心，把精气神扶起来，贫困户才有干劲，脱贫才能稳定。兰考以“五不五有”为标准开展“春风行动”，帮助贫困户改善生产生活环境，树立发展信心；开展“五净一规范”，让群众养成良好生活习惯；举办“幸福讲堂”、“晚间会”、干劲评比活动等，让群众看到希望、增强干劲，变“要我脱贫”为“我要脱贫”。通过一系列改革创新的举措，逐步形成领导领着干、干部抢着干、群众比着干的生动局面。

扶贫干部帮助村民打扫卫生

村民扛着旗、唱着歌，义务清扫街道

村民参加“脱贫晚间会”

二、深化体制机制改革

深化督查机制改革。为促进各项扶贫措施有效落实，兰考组建了县委县政府督查局，坚持普查与重点抽查相结合，对精准识别、精准帮扶等脱贫攻坚各个环节进行全方位、多轮次督查，重点查一把手责任落实情况、扶贫资金到位情况、工作队工作纪律执行情况等，做到村村必进、户户必查。为脱贫攻坚强健了筋骨，提供了保障。

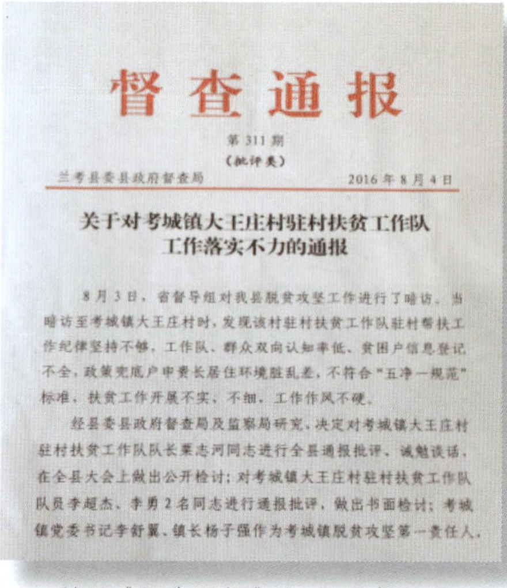

督查通报

第311期

（批评类）

兰考县委县政府督查局　　2016年8月4日

关于对考城镇大王庄村驻村扶贫工作队工作落实不力的通报

8月3日，省督导组对我县脱贫攻坚工作进行了暗访。当暗访至考城镇大王庄村时，发现该村驻村扶贫工作队驻村帮扶工作纪律坚持不够，工作队、群众双向认知率低、贫困户信息登记不全，政策兜底户中贵长居住环境脏乱差，不符合“五净一规范”标准，扶贫工作开展不实、不细，工作作风不硬。

经县委县政府督查局及监察局研究，决定对考城镇大王庄村驻村扶贫工作队队长粟志河同志进行全县通报批评、诫勉谈话，在全县大会上做出公开检讨；对考城镇大王庄村驻村扶贫工作队队员李超杰、李勇2名同志进行通报批评，做出书面检讨；考城镇党委书记李舒翼、镇长杨子强作为考城镇脱贫攻坚第一责任人，

利用《督查通报》加大督查力度

深化扶贫资金运行机制改革。在脱贫攻坚过程中，兰考县探索并建立了“先拨付、后报账，村决策、乡统筹、县监督”的资金分配运行机制，运用“四议两公开”工作法，村委自主决定实施项目，实现了从“等安排”到“拿主意”、从“受益对象”到“业主”的转变，极大提升了脱贫攻坚的效率，转变了脱贫攻坚相关责任人员的思路。

普惠金融解决了贫困户发展中的资金难题

深化便民服务体制改革。近年来，通过不断探索，兰考县构建了三级便民服务体系，成立县、乡社情民意服务中心，实现畅通诉求渠道、收集社情民意、党委政府科学决策有机统一，把“有事找政府”落在实处；整合乡镇（街道）的综治、公安、司法、信访职能机构人员，成立社会治理中心，建立引导、预防和化解社会矛盾的有效机制；全域推进移风易俗改革，降低群众“人情负担”，引领社会新风尚，形成了集中统一、服务高效的社会治理体系。

兰考县社情民意服务中心

深化人事管理制度改革。脱贫攻坚期间，兰考充分盘活现有编制内资源，招聘选派体制内自收自支和差供人员充实到一线岗位，落实“能上能下、能进能出”的选人用人机制，解决基层人手不足问题，激发工作活力，使各级扶贫干部专心致力于扶贫，工作效率大幅提升。

兰考县深化人事管理改革动员大会

三、创新扶贫模式

在金融扶贫方面，兰考通过一系列探索，建立了金融服务、信用评价、风险防控、产业支撑的金融扶贫体系，有效助推产业发展；在全省率先以基金形式搭建投融资企业 PPP 股权合作新模式，为重点项目的顺利推进提供了有力资金支持。

普惠金融创新为创业者们提供了便利

在教育扶贫方面，兰考在落实好国家和省级层面教育资助政策的基础上，创新帮扶模式，县财政尽力而为，列支专项资金，实施分阶段教育救助，有效阻断贫困代际传递。

三义寨乡贫困学生高党辉如愿进入心仪的大学

企业参加爱心捐赠，开展助学扶贫

在健康扶贫方面，兰考提高慢性病、肾病透析、白血病等报销比例，落实先诊疗后付费，进一步降低群众看病负担；探索"一站式"结算服务，让贫困群众少跑腿、减负担。

扫一扫详细关注《兰考县：稳定脱贫奔小康》

医生上门为贫困户义诊

为大病贫困户提供"一站式"结算服务

第四节 党建“地基”筑得牢

习近平总书记强调，越是进行脱贫攻坚战，越是要加强和改善党的领导。脱贫攻坚就像建一座大厦，不光有规划师、工程师、建筑工，最重要的是要把这座大厦的地基打牢打实。在中国特色的县域治理体系中，党建无疑是这个地基能否打牢的关键。在实现脱贫攻坚过程中，兰考围绕抓好党建促脱贫攻坚这条主线，充分发挥党组织战斗堡垒作用和党员干部先锋模范作用，集聚基层党组织力量，为打赢脱贫攻坚战奠定了坚实的基础。兰考能迅速实现脱贫攻坚目标，而且能持续稳定发展，基层党建无疑发挥了关键性作用。

扶贫党员干部定期参加业务知识培训

一、建强脱贫攻坚队伍

在队伍建设方面，兰考县围绕脱贫攻坚排兵布阵，以乡镇党委换届为契机，把扶贫一线 39 名实绩突出、群众认可的优秀年轻干部选进党委班子，队伍结构进一步优化，执行力进一步增强；开展“三联三全”活动，54 名县级干部、567 名科级干部和 3000 多名在职党员与重点项目、贫困村和贫困户结对联系帮扶，实现了驻村扶贫和结对帮扶全覆盖。

扶贫干部培训班举行结业签名宣誓仪式

二、提升村级组织能力

在脱贫攻坚过程中，兰考对全县村“两委”班子采取 5—7 人“小班额”培训，经常组织外出参观学习，提升带富能力；按照“七项标准”，对全县所有行政村党群服务中心进行改造提升，增强服务职能，让村室成为村里最热闹、群众最愿去的地方，村级党组织的凝聚力、战斗力、号召力不断增强。

兰考县桐乡街道许贡庄社区便民服务大厅

白云山村党群服务中心

曹庄村党群服务中心群众文娱活动现场

三、探索创先争优激励机制

在脱贫攻坚过程中，兰考县通过评选“学习弘扬焦裕禄精神，争做党和人民满意的好干部”活动，用身边的典型激励大家拼搏创新。为有效激发农村党支部比学赶超的争先意识，兰考还效仿当年焦裕禄书记树立“四面红旗”的做法，开展脱贫攻坚、基层党建、产业发展、美丽村庄“四面红旗村”评选活动，每评上一面红旗，对村干部精神上有鼓励、绩效上有奖励，实现了干与不干不一样，干多干少有区别；在脱贫攻坚过程中，兰考县还评选出两批 70 名“驻村扶贫工作标兵”，并全部予以提拔重用，有效激发了党员干部投身脱贫攻坚的热情和干劲。

为“四面红旗”村进行颁奖

代庄村争当“四面红旗”先进村

为“兰考标兵”颁奖

四、严格督导检查问责

脱贫攻坚以来，兰考县将督查工作与纪检监察工作有机结合，构筑了督促检查推动工作落实、纪检监察强化责任追究的双重督查问责机制。通过不断加大监督执纪问责力度，强化了扶贫干部的纪律意识和责任意识，在全县营造了风清气正合力攻坚的浓厚氛围。

督查局入户督查贫困户增收措施扶持情况

五、打造"永不离村的工作队"

2017 年 3 月 18 日，一场千人大会在兰考体育场召开，450 名机关、企事业单位党支部书记，450 名农村（社区）党支部书记，450 名驻村工作队队长手拉手进行对接，拉开了兰考县"支部连支部，加快奔小康"活动的序幕。

"支部连支部"，就是全县每一个机关事业单位的党支部选派 2—3 名优秀党员组成工作队，与农村的党支部一对一结成对子，两个支部一块儿搞活动，一块儿围绕稳定脱贫奔小康的中心工作，各尽所长。

兰考县总结脱贫攻坚中驻村帮扶的成功经验，在调整充实原有115个贫困村扶贫工作队的基础上，扩展到全县454个行政村，结合每一个行政村的实际情况和发展需要，按照党委部门联弱村、经济部门联穷村、政法部门联乱村、业务部门联专业村的原则，开展驻村帮扶工作。同时，出台《关于固化“支部连支部，加快奔小康”活动组织运行机制的规定》，做到人员变动组织架构不变、职责任务不变，打造一支“永不离村的工作队”。

兰阳街道开展“支部连支部”活动

其实在脱贫摘帽之前，兰考县已扎实做好了稳定脱贫奔小康的前期准备工作：一是对原有247个机关企事业单位党支部进行优化调整，新设置207个机关党支部。在调整后的454个机关党支部中，择优选定1064名优秀干部

税务部门党支部与五爷庙村党支部联合开展“支部连支部”固定党日活动

和入党积极分子，组成454个稳定脱贫奔小康工作队，进驻454个行政村。

“支部连支部，加快奔小康”活动把结对党支部、派出单位、乡镇（街道）、驻村工作队和包村（社区）干部牢牢捆在一起，全县3395名党员干部按照“应联尽联、不漏一户”的原则，联系未脱贫户、动态调整户、边缘户，促脱贫攻坚巩固提升。

在“支部连支部，加快奔小康”活动中，兰考整合和完善“四面红旗”评选内容和标准，把产业发展融入稳定脱贫奔小康的内容之中，增加了“乡风文明红旗村”，与乡村振兴更好衔接。每半年在四项工作中各评选出10个“红旗村”，隆重表彰，并给予村党支部书记和其他“两委”干部每人每月500元、300元不等的额外奖励；持续开展“学习弘扬焦裕禄精神好干部”“稳定脱贫奔小康工作标兵”等评选活动，健全完善创先争优机制，在比学赶超的良好氛围中，进一步提升基层干部工作能力。

2017年脱贫摘帽以来，兰考县共提拔重用科级干部26人，其中，从具有扶贫工作经历的干部中提拔重用12人。同时，对评选出的50名“稳定脱贫奔小康”驻村工作标兵，全部纳入优秀年轻干部库管理，充分发挥了先进典型在扶贫工作中的示范引领作用，进一步激发了广大驻村工作队员投身农村、服务基层，务实苦干、拼搏奉献的热情和干劲，达到了“让吃苦者吃香、有为者有位”的效果。

扫一扫详细关注
兰考《脱贫路上党旗红》

05

Chapter

兰考之彩

把脱贫攻坚样板县变成
乡村振兴示范县

农业农村现代化是实施乡村振兴战略的总目标，坚持农业农村优先发展是总方针，产业兴旺、生态宜居、乡风文明、治理有效、生活富裕是总要求，建立健全城乡融合发展体制机制和政策体系是制度保障。

——习近平《在中共中央政治局就实施乡村振兴战略进行第八次集体学习时的重要讲话》（2018年9月21日）

脱贫之后的兰考，按照习近平总书记“四个不摘”的要求，经过两年多稳定发展，重新确定了自己的目标：要努力把党的群众路线教育实践活动联系点建成彰显焦裕禄精神高地的示范点，把脱贫攻坚样板县变成乡村振兴示范县。

时任国务院扶贫办主任刘永富在兰考调研指导扶贫工作

第一节　把焦裕禄精神的出彩积聚成新发展的“重彩”

伟大的事业需要伟大的精神力量，飘扬了半个多世纪的焦裕禄精神是我们党宝贵的精神财富，为实现中华民族伟大复兴的中国梦提供了强大正能量。2014 年 3 月，习近平总书记在参观焦裕禄纪念馆时指出，“焦裕禄精神同井冈山精神、延安精神、雷锋精神等革命传统和伟大精神一样，过去是、现在是、将来仍然是我们党的宝贵精神财富，我们要永远向他学习”。焦裕禄精神激励和鼓舞了无数优秀共产党员。

在脱贫攻坚向乡村振兴过渡的新征程中，兰考持续以弘扬践行焦裕禄精神为主线，始终深学、细照、笃行焦裕禄精神，深入践行焦裕禄同志的“三股劲”，在新时代让焦裕禄精神焕发出新的光彩，不断推动经济社会发展取得新成果，书写出推动兰考新发展的“重彩”。

一、传承“精神法宝”，打造“精神高地”

“百姓谁不爱好官”，是习近平总书记对焦裕禄同志的高度评价，也是对领导干部的殷切希望。“公仆情怀、求实作风、奋斗精神、道德情操”，是焦裕禄精神的时代内涵，与习总书记提出的好干部“20字标准”高度一致、相辅相成。

在焦桐不远处，习近平总书记当年种下的泡桐如今枝繁叶茂、生机勃勃

兰考始终把焦裕禄精神作为加强党员领导干部思想教育的一项重要内容，作为武装头脑、提振干事创业精气神的重要法宝。坚持突出兰考特色，把学习弘扬焦裕禄精神作为一条红线贯穿工作始终，将传承弘扬焦裕禄精神作为兰考每一名党员干部义不容辞的责任，作为一种光荣而又重大的历史使命，带领全县广大党员干部端正态度、突出重点、改进方式，充分发挥焦裕禄干部学院、焦裕禄纪念园的主阵地作用，打造习近平新时代中国特色社会

焦裕禄干部学院门前焦桐花开、香飘四溢

主义思想、党的十九大精神和焦裕禄精神等精品课程，建设彰显兰考独特魅力的培训产业体系；在黄河游览区和特色乡镇，重点发展独具兰考特色的红色文化乡村游，把兰考建设成为处处彰显焦裕禄精神、人人争当焦裕禄式好党员好干部的精神高地。

干部群众在许贡庄社区党群服务中心学习焦裕禄精神

二、发挥“榜样”力量，激发无穷干劲

榜样是看得见的力量，可以激发党员干部的学习热情和工作热情。以焦裕禄为榜样，向焦裕禄学习，做焦裕禄式的好党员、好干部，是无数优秀共产党员的共同愿望。焦裕禄精神是我们党宝贵的精神财富，在不同的历史时期都曾涌现出践行焦裕禄精神的先进典型。

兰考把持续开展“传承弘扬焦裕禄精神，争做人民满意好干部”评选作

兰考持续开展各种道德模范评比

兰考县组织党员干部和标兵在张庄村现场学习

为激励党员干部干事创业的具体抓手，真正把那些信念坚定、为民服务、勤政务实、敢于担当、清正廉洁的优秀党员干部评选出来，用看得见、感受得到、学得上来的身边典型人物和先进事迹带动党员干部践行焦裕禄精神，以实际行动展现“兰考之彩”。完善“四面红旗”村评选标准，实现干与不干不一样，干多干少有区别。持续开展“稳定脱贫奔小康工作标兵”评选，弘扬工匠精神，探索在各行业评选更多不同层次的标兵，让“兰考标兵”成为新时代兰考干部的形象和代表。

三、精神变物质，再创新辉煌

伟大的事业孕育崇高的精神，崇高的精神推动伟大的事业。焦裕禄精神推动了历史，也必将惠及现在，影响未来。

建设科学发展的新兰考，需要持续深挖弘扬焦裕禄精神的时代内涵，学习焦裕禄同志矢志改变落后面貌，在艰苦环境中领导发展、谋求发展、推动发展的精神，从焦裕禄精神中汲取推动科学发展的精神动力，深谋远虑抓大事、千方百计解难事、雷厉风行办实事，全面加快改革发展进程，找到改革发展的最佳路径，不断在推动科学发展上取得新成果，在构建和谐社会上取得新进展，在改善民生上取得新成效。面对复杂繁重的改革发

拼搏进取的兰考人驯服了这条曾经给兰考带来无数灾难的黄河

焦裕禄亲手种下的泡桐如今已成为
兰考的一种精神象征和信仰标志

当年为治沙种下的大批泡桐成就了如
今兰考的乐器大产业

展稳定任务，必须以求真务实的精神推动科学发展，坚持把干事创业的满腔热情与科学求实精神结合起来，把积极有为与尊重客观规律结合起来，把抓好当前工作与着眼长远发展结合起来，努力创造出经得起实践、群众和历史检验的实绩。

坐落在“焦桐”旁的焦裕禄干部学院

焦裕禄精神高地的魅力，体现在兰考处处彰显焦裕禄精神的浓厚宣传氛围，体现在人人争当焦裕禄式好党员好干部上，体现在以弘扬焦裕禄精神为核心的红色文旅产业的繁荣兴旺上。把联系点建成示范点，是中办回访调研报告中对兰考提出的殷切希望。如今的兰考，正对标习近平总书记的讲话精神，争做县域践行习近平新时代中国特色社会主义思想的示范区，力争在全国贫困县中探索可复制、可推广的稳定脱贫兰考模式。

第二节 把稳定脱贫的出彩凝聚成改革创新的“浓彩”

习近平总书记提出，奔小康路上“不落一户、不落一人”，2020 年实现全部脱贫。

脱贫两年多来，兰考始终牢记向习近平总书记作出的“三年脱贫、七年小康”庄严承诺，认真践行习近平总书记关于扶贫工作的重要论述，紧扣脱贫攻坚“五个转变”和《中共中央、国务院关于打赢脱贫攻坚战三年行动的指导意见》，坚持以脱贫攻坚统揽经济社会发展全局，以习近平总书记提出的县域治理“三起来”指示精神为根本遵循，脱贫攻坚工作取得了显著成效。2018 年，兰考全年脱贫 749 户 1406 人，全县贫困发生率从 2017 年的 0.89% 降至 0.74%。脱贫攻坚的扎实推进，带动了兰考经济社会全面发展。

“脱贫啦，群众真是高兴！”葡萄架乡何庄村党支部书记何安良兴奋地说，“从脱贫到小康，百姓的期望值会更高，更需要我们理思路，找出路，带领群众撸起袖子加油干！”

兰考虽然脱贫摘帽了，但贫困人群的基数还不小，未脱贫人口帮扶难度也进一步加大。同时，刚脱贫的群众，后续帮扶措施一旦跟不上，很容易因为各种原因返贫。如何巩固提升脱贫攻坚成效，防止出现因病、因灾等返贫，是摆在党员干部面前的重大课题。在此情况下，不摘政策，不摘责任，不摘帮扶，不摘监管，兰考县自我加压，提出了 2019 年贫困人口全部脱贫的目标。

2017 年 4 月 18 日，兰考县举行稳定脱贫奔小康誓师大会，对全面建成小康社会进行全面部署。

誓师大会提出：2020 年，全县生产总值要达到 380 亿元，年均增速 10% 左右；人均生产总值达到 5.5 万元，年均增速 7.9% 以上；实现工业增加值 160 亿元，年均增速 11.1% 以上；固定资产投资达到 350 亿元，年均增速

兰考县召开稳定脱贫奔小康誓师大会

16% 以上；社会消费品零售总额 155 亿元，年均增速 13% 以上；一二三产业比重调整为 9.8：45.2：45；城镇化率达到 56%，城镇人口达到 40 万人；城乡居民人均可支配收入达到 2.2 万元，年均增速 13.1%，人民生活水平全面提高，社会保障全民覆盖，基本公共服务均等化总体实现。

为实现 2019 年贫困人口全部脱贫的目标，兰考县在脱贫攻坚 12 项政策的基础上，进一步提标扩面，出台“三个保障、五项政策”，对所有建档立卡户持续帮扶，并将部分政策惠及全体城乡居民，巩固脱贫成果，助推稳定脱贫。同时开展了巩固提升大排查工作，详细掌握每户的实际情况和存在问题，针对性制订专项方案，并通过“支部连支部，干部联到户”活动，因户制宜、一户一策，集中力量啃下“硬骨头”，确保未脱贫户如期脱贫不掉队。

同时，兰考县深入学习贯彻习近平总书记关于全面深化改革的重要论述，按照习近平总书记调研兰考时提出的“把兰考发展潜力转化为发展优势，根本靠改革”的指示精神，围绕“服务发展、服务基层、服务群众”进

兰考县稳定脱贫奔小康誓师大会表彰的先进集体和个人

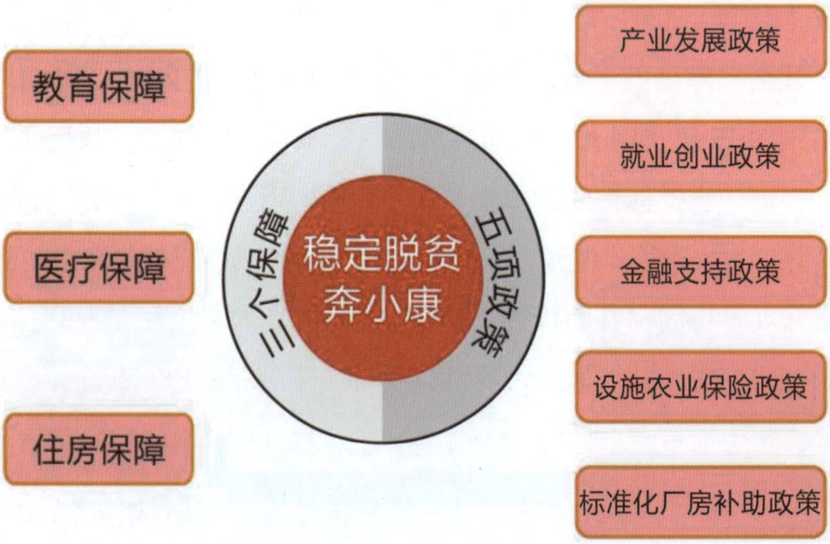

兰考县“三个保障、五项政策”基本内容

一步改进工作，用改革创新的思维和办法，有效激发内生发展动力，以更优异的成绩汇聚成更多“浓彩”，为中原更加出彩贡献兰考力量。

改革只有进行时，没有完成时。脱贫之后的兰考不松劲，将永葆初心，勇往直前，奋勇争先，撸起袖子加油干，坚定不移深化改革，让改革创新成为推动兰考加快发展的强大“引擎”。

兰考县召开全面深化改革专项小组工作会议

第三节　把脱贫攻坚的出彩汇聚成乡村振兴的“五彩”

乡村振兴事关全面小康，事关兰考的长远发展，按照谋得好、落得下的总体要求，兰考编制了《兰考县乡村振兴战略规划（2018—2022年）》。规划目标由中央提出的22项扩展到40项，涵盖了乡村振兴各个方面，每项工作有目标、有标准、有措施、有资金筹措办法，实现了从脱贫攻坚到乡村振兴的无缝对接，阶段性目标和长远目标的有机衔接，让兰考的发展目标更加明确，方向更加清晰，干群干劲更加饱满。

打赢脱贫攻坚战是补齐全面小康的短板，也是实施乡村振兴的前提。脱贫攻坚，兰考“扎下了身子”，乡村振兴，兰考“要望向远方”。从脱贫攻坚到乡村振兴，兰考以高标准起步、超前性规划、高质量发展，不断推进脱贫攻坚与乡村振兴有序衔接，将工作重点放在了稳定脱贫、巩固脱贫成果上，并同步启动了乡村振兴的前期准备工作，初步探索形成了“12345”工作思路。

兰考干部不断加强乡村振兴方面的培训和学习

一、“一条主线”统揽全局

当前，坚持以脱贫攻坚统揽经济社会发展全局已经形成广泛共识。兰考党员干部深刻认识到，脱贫攻坚不单是摆脱贫困、走向小康的根本路径，更是转变干部作风、锤炼干部队伍、密切党群干群关系、夯实党的执政基础的战略举措。作为县一级，坚持农业农村优先发展，现阶段必须坚定不移以脱贫攻坚统揽全局，做好相对贫困人口的持续帮扶工作，循序渐进，不断推进脱贫攻坚与乡村振兴有效衔接。做好统揽具体落实在三个方面，兰考围绕在思想认识上统揽、在组织力量上统揽、在发展实践上统揽做好“衔接”，牢固树立“脱贫攻坚统揽全局不动摇，全面打好打赢脱贫攻坚战就是为乡村振兴开好头起好步”的思路，咬定目标不放松，一张蓝图绘到底，把脱贫攻坚的好机制、好做法延续下去，提质扩面，增强能力，强化综合协调，实现稳步推进，持续在增强贫困群众内生动力和自我发展能力上下功夫，在摆脱发展上的贫困的同时，更摆脱精神上的贫困，实现彻底脱贫。

二、“两个重点”夯实基础

习近平总书记强调，要探索建立稳定脱贫长效机制，强化产业扶贫，加大培训力度，让贫困群众有稳定的工作岗位。提高贫困群众收入、巩固提升脱贫成效最有效最直接的方式是发展产业和充分就业。脱贫攻坚期间，兰考通过引进龙头企业，采取“龙头企业 + 村集体经济组织（合作社）+ 贫困户”等模式，建立了相对完善的利益联结机制，绝大多数贫困群众通过发展产业、稳定就业摆脱了贫困。脱贫摘帽后，针对剩余贫困群众发展产业和就业能力不足的问题，兰考因地因户因人制宜，采取更加有针对性的帮扶措施，稳步提高群众收入。一方面选准做优带贫产业。围绕建档立卡贫困户产业帮扶全覆盖，重点培育发展了群众不离乡、不离土、好融入的“5+5”特色扶贫产业；另一方面是千方百计促进就业。对具备就业能力、就业条件、就业意愿的贫困劳动力，搭建“外出务工、产业体系就业、乡镇产业园就近就业、居家灵活就业、公益性岗位就业”5 种就业模式。

三、"三个落实"稳定脱贫

习近平总书记强调，贫困县摘帽后，不能马上撤摊子、甩包袱、歇歇脚，要继续完成剩余贫困人口脱贫问题，做到摘帽不摘责任、不摘政策、不摘帮扶、不摘监管。做到"四个不摘"，关键是责任落实、政策落实、工作落实。兰考把焦裕禄书记的"三股劲"贯穿始终，认真扎实持续做好三个落实：一是分层明责促责任落实；二是对标整改促政策落实；三是建章立制促工作落实。

四、"四个强化"提升本领

脱贫攻坚进入决胜期，面临的困难更艰巨、更复杂，不仅考验着干部的耐心与毅力，更考验着干部的能力与本领。乡村振兴更是一个全新课题，没有成熟的模式可以照搬，需要各级干部特别是基层一线干部下深功夫、真功夫提升本领。兰考从四个方面着手强化提升干部能力：一是强化基层基础，提升政治领导本领；二是强化人才培育，提升学习本领；三是强化谋划规划，提升科学发展本领；四是强化要素激活，提升改革创新本领。

五、"五个衔接"深入推进

脱贫摘帽后，兰考着眼脱贫之后的持续发展问题，认真贯彻落实习近平总书记关于乡村振兴战略的指示要求，对照乡村振兴战略"20字"方针，延续脱贫攻坚好的做法，进一步做实做细，在五个方面做好与乡村振兴的有效衔接。

兰考县脱贫攻坚与乡村振兴有效衔接的“1 2 3 4 5”

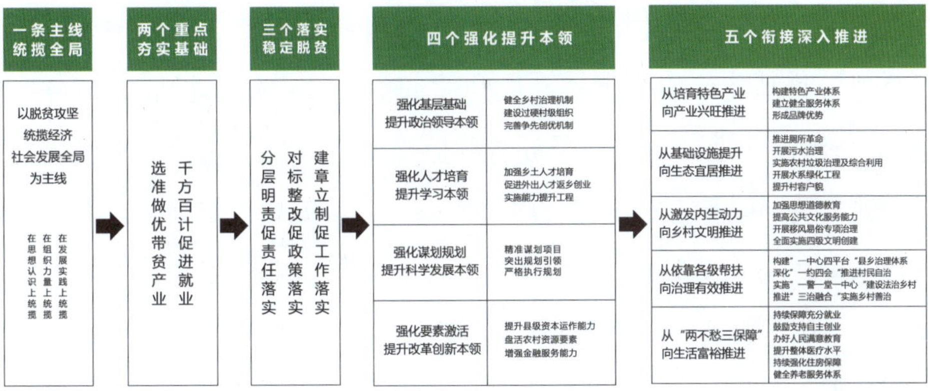

■衔接一：从培育特色产业向产业兴旺推进

习近平总书记强调，要围绕农村一二三产业融合发展，构建乡村产业体系，实现产业兴旺。脱贫攻坚中的产业扶贫，解决的是没有产业、没有收益的问题，主要集中在农业，扶贫模式相对单一、产业链短、附加值较低。乡村振兴的产业兴旺，重心则在产业强不强，不仅仅局限于农业，而应着眼于优化第一产业，在此基础上大力发展二三产业，加快构建现代农业产业体系、生产体系、经营体系，推动农村一二三产业融合发展。

一是构建特色产业体系。近年来，兰考结合供给侧结构性改革，立足本地优势，招大引强，延链强链，引进了恒大、正大、光大、富士康等国内外龙头企业，培育壮大了品牌家居、绿色畜牧、循环经济三个特色产业体系，城乡统筹、一二三产业融合发展的产业布局基本形成，活力日益突显，逐步夯实强县和富民的基础。

二是完善带贫致富机制。以大产业的引进培育促稳定脱贫，围绕一二三产业融合发展，形成“龙头企业做两端，农民群众干中间，普惠金融惠全链”的产业带贫模式，利用“致富带头人＋建档立卡户”“龙头企业＋合作社＋建档立卡户”等带贫机制，增加群众收入。

三是建立健全服务体系。健全农业社会化服务体系，成立农业产业发展有限公司，将其建设成为市场和农户之间的平台；每个村成立劳务、种植（养殖）合作社，每个乡成立劳务、种植（养殖）合作总社，切实提高服务水平。健全电子商务进农村综合服务体系，逐步提高建档立卡户在电子商务中的参与率。健全农业技术服务体系，整合全县农业技术力量，为主导产业提供全过程技术服务。

四是形成品牌优势。围绕“三品一标”（无公害农产品、绿色食品、有机农产品和农产品地理标志），打造名优品牌，大力推进品牌强农；以绿色食品为重点，培育一批特色鲜明、质量稳定、信誉良好、市场占有率高的本地农产品品牌，逐步构建以区域公用品牌、企业品牌和产品品牌为主体的农产品品牌体系，增强特色产业的核心竞争力。

兰考同乐居（跨境）电商家居产业园、TATA 木门产业园区

羊群漫步在绿色的黄河大坝上，充满乡间气息

蜜瓜和蔬菜大棚

国储林、构树园成为休闲好去处

普惠金融不断创新促进了兰考乡村振兴

焦裕禄精神学习体验之旅

焦裕禄纪念园

始建于1966年2月，占地91.7亩，由革命烈士纪念碑、焦裕禄烈士墓、焦裕禄同志纪念馆组成，为国家AAAA级旅游景区、全国红色旅游经典景区、全国爱国主义教育基地、全国重点文物保护单位，现已成为全国党员干部和人民群众净化心灵的重要基地。

兰考县文化交流中心

依托焦桐开发建设，占地450亩。内有兰考县展览馆、刘岘纪念馆、兰考县非遗展示馆、兰考县民族乐器展览馆四个展览馆和一个文化旅游产品展示中心。将焦裕禄精神与兰考历史文化融为一体，集红色旅游、文化体验为一体，在宣传焦裕禄精神的同时，全方位、多角度展示兰考丰富的历史文化、建设成果和发展前景。

焦桐

1963年春，焦裕禄同志在城关乡朱庄村南亲手栽种了一棵泡桐树。兰考人民为缅怀焦裕禄同志，称这棵泡桐为“焦桐”。现“焦桐”已成为焦裕禄精神的象征，它生长茂盛，每到春天数不清的桐花绽放，人站在树下顿感心旷神怡。该树1978年被县政府公布为县级文物保护单位，周围园区历经几次修葺，环境风貌焕然一新。

焦裕禄干部学院

建成于2013年7月，位于兰考县城东北部，“焦桐”对面，占地185亩，建筑总面积3.9万平方米。以学习和体验焦裕禄精神为特色，是河南省委组织部重点建设的三所干部学院之一，中组部确定的全国13所地方党性教育特色基地之一。

东坝头黄河湾风景区

东坝头黄河湾是九曲黄河最后一个大拐弯，呈“U”字形，因地势险要，素有“豆腐腰”之称。该河段水势凶猛、浪花翻卷，涛声拍岸。站在东岸西望，顿生“黄河之水天上来”之感，令人激情澎湃。毛主席曾于1952年、1958年两次到此视察，并向全国发出了“要把黄河的事情办好”的伟大号召。2014年3月17日，习近平总书记曾到此视察。景区自然景观千姿百态，风光独特，是开展生态、体闲、度假、水上游乐的绝佳去处。

四面红旗纪念馆

“韩村的精神、秦寨的决心、赵垛楼的干劲、双杨树的道路”，这是焦裕禄当年在兰考树立的“四面红旗”，它们叫响兰考，传遍全国。该馆就是以他们的先进事迹和张庄群众治沙故事为主要展出内容。通过文字描述、图片介绍、实物展示，生动再现了当年兰考人民战天斗地的革命热情。

焦裕禄精神体验教育基地

位于焦裕禄同志当年治沙首试地东坝头镇张庄村南，占地120亩，共有7个区：赵垛楼的干劲体验区、双杨树的道路教育区、韩村的精神感悟区、秦寨的决心体验区、张庄治沙体验区、拓展培训区和休闲区。主要以实地参与的方式，让体验者感受焦裕禄同志当年带领兰考人民治理“三害”时战天斗地的革命精神，加深对焦裕禄精神的感悟和理解。

梦里张庄

梦里张庄按照红色引领、文化作魂、水为灵气、绿色衬托、农民主导的理念而打造，主要包括红色文化体验区、印象田园休闲区、乡土户外拓展区、旅游综合服务区四大板块。在这里可以看到华夏文化、黄河文化与红色文化的最佳对接，可以看到精神变物质的最新成果，可以看到梦里张庄的别样之美，让你浮想联翩、流连忘返。

以徐场村为代表的乐器产业已经成为兰考的一张产业名片

在东坝头镇张庄村发展起来的上市公司——奥吉特科技股份有限公司种植的褐蘑菇成为高端市场紧俏产品

衔接二：从基础设施提升向生态宜居推进

习近平总书记强调，良好生态环境是农村的最大优势和宝贵财富。在脱贫攻坚中，兰考通过“清洁家园”行动，乡村生态和环境明显改观。摘帽之后，兰考持续聚焦农村生活垃圾处理、生活污水治理、村容户貌整治，实现农村环境干净整洁有序，为生态宜居奠定基础。

一是推进“厕所革命”。把“厕所革命”与农村人居环境整治有机结合，着力改善农村基础设施和公共服务，加大农村“厕所革命”的政策支持力度，加大技术指导和督导检查力度，高质量完成农村改厕任务。加大宣传教育力度，引导群众文明如厕，让群众如厕素质跟上“厕所革命”的步伐，让文明如厕逐步成为全社会的自觉和习惯。

二是开展污水治理。坚持因村施策，分类指导，合理选择生活污水治理模式。采用纳入镇区污水处理系统和就近就地分散处理两种类型，同步推进村庄污水处理。完善生活污水收集管网，将污水分类收集作为农村生活污水处理的有效途径；同时，推进农村污水在村内实现综合利用。

三是实施农村垃圾治理及综合利用。探索垃圾分类新模式，推进农作物秸秆及农业废弃物综合利用。健全完善县、乡、村垃圾分类和资源化利用例会制度，协调各相关部门每月建立垃圾分类和资源化利用工作任务台账，全力推进垃圾分类工作。落实台账任务，完善县、乡、村三级网络管理体制。完善垃圾分类积分兑换制度，激发群众垃圾分类兴趣。

四是开展水系绿化工程。对农村坑塘进行整治提升，实现支渠、斗渠贯通连接，为引水入村打好基础，形成“来水能引、降水能蓄、沥水能排、灌溉能用、人水和谐”和以“河渠为线、坑塘为面、线面相连”的农村生态水网。大力推进造林绿化，以城区绿化提升为重点全面推动城市园林化，以高速公路两侧绿化为重点全面推动廊道林荫化，以围村林和村庄绿化建设为重点全面推动乡村林果化。

五是提升村容户貌。完善道路、排污管网等基础设施建设；按照“十无一规范一眼净”“五净一规范”标准，打造美丽庭院；深入学习浙江“千万工程”经验，持续开展农村人居环境“三清一改”行动，对所有村庄大街小巷的垃圾、杂物进行清理，发动群众共同参与，既改善了农村环境卫生，又转变了群众陈旧的思想观念，群众的环境和卫生意识得到显著提升。

兰考风力发电产业

绿色生态廊道和泡桐林

美丽的桐乡街道盆窑村

黄河游览区的小火车成为吸引游客的一大景观

曾经饱受水患灾害的黄河沿岸如今变成美丽的风景区

美丽的乡村院落，干净整洁的乡村公路

衔接三：从激发内生动力向乡风文明推进

习近平总书记强调，要大力弘扬时代新风，加强思想道德建设，推进新时代文明实践中心建设，不断提升人民思想觉悟、道德水准、文明素养和全社会文明程度。兰考深刻认识到，乡风文明是乡村振兴在精神层面的直观表现，必须以社会主义核心价值观为引领，强化群众思想道德建设，培育文明乡风、良好家风、淳朴民风。

一是加强思想道德教育。开展“百场道德模范进基层”宣讲活动，加强“四德”教育，增强群众爱国主义、集体主义、社会主义观念。依托党群服务中心和新时代文明实践站、志愿服务站，开展各类志愿服务活动，不断提高群众的道德文化素养。

二是提高公共文化服务能力。加强乡、村两级文化阵地建设，确保“七个一”标准达标率100%；为村级综合性文化服务中心配备文化活动器材；“农家书屋”藏书量达到1500册以上；每个乡镇（街道）创建“公共文化服务示范村”；开展乡村文艺培训，对全县“文化协管员”进行集中培训，提升公共服务能力。

三是开展移风易俗专项治理。倡树文明新风，加强宣传教育引导力度，遏制大操大办、厚葬薄养、人情攀比等陈规陋习，抵制封建迷信活动，加强农村科普工作，提高农民科学文化素养。

四是全面实施四级文明创建。积极创建文明县、文明乡镇、文明村，全面开展“兰考文明户”创建活动，评选好媳妇、好婆婆等各类典型，引领社会新风尚。

兰考县大力开展文明家庭评选等活动

兰考县每年重阳节为老年人举办千人饺子宴

兰考县新时代文明实践中心

老年模特队在集体婚礼现场表演

央视“文化进万家”艺术团在焦桐下为群众表演

各种公益组织和艺术团体成为乡风文明建设的重要力量

兰考举行“争做新时代文明兰考人”万人签名活动

衔接四：从依靠各级帮扶向治理有效推进

习近平总书记强调，要创新乡村治理体系，走乡村善治之路。在整个治理体系中，乡村是最基本的单元，是国家治理体系的“神经末梢”。乡村治理有效了，社会治理就有了坚实基础，这也是乡村振兴要实现治理有效的意义所在。

一是构建“一中心四平台”县乡治理体系。以“一中心四平台”为社会治理的抓手，建成覆盖16个乡镇（街道）的社会治理综合指挥系统。完善“城乡吹哨，部门报到”工作机制，发挥网格员巡查作用，集中排查乡村社会治理各类问题，挂账解决；强化信息畅通，提高城乡社会治理精细化水平。

二是深化“一约四会”推进村民自治。组织各行政村（社区）制定村规民约、道德评议会、村民议事会、红白理事会、禁毒禁赌会“一约四会”制度，推选各协会负责人和成员，明确协会职责，健全支持机制，引导群众自觉遵守“一约四会”规章制度，实现村民自我管理、自我教育、自我服务，推动以村民自治的方式治理婚丧喜庆活动大操大办、铺张浪费、攀比炫富，以及不孝顺老人等不良风气。

三是实施“一警一堂一中心”建设法治乡村。全面推开村治保主任兼任村警务员和村调解员制度，加强对农民的法律援助和司法救助；开设道德讲堂，开展道德评选活动，组织道德宣讲；建立调解中心，依托矛盾纠纷排查调处室、村（居）警务室调解中心，建立引导、预防和化解社会矛盾的有效机制，及时将矛盾纠纷化解在基层和萌芽状态。加强基层党组织建设，广泛发动群众，坚持“有黑扫黑、无黑除恶、无恶治乱”，建设平安乡村。

四是推进“三治融合”实施乡村善治。自治是基础、法治是保障、德治是支撑。加强农村基层基础工作，健全自治、法治、德治相结合的乡村治理体系，形成共建、共治、共享的治理新格局，永葆发展活力，走好乡村善治之路。

矗立在兰考县西高速口的大型党建雕塑——红心向党

规范标准的村（社区）党群服务中心

县社情民意服务中心，每天有
县级干部坐班接待来访群众

党员服务队定期参加义务劳动

衔接五：从“两不愁三保障”向生活富裕推进

脱贫攻坚解决的是群众基本生活保障问题，生活富裕是要让群众过上更加幸福美好的生活，两者都是群众综合性满意度指标体现，不仅要实现富口袋，还要提升公共服务水平，满足群众物质和精神需求。

一是持续保障充分就业。就业是提升群众收入最直接、最有效的举措。兰考探索总结“支持能够发展产业的群众发展产业，帮助没有产业发展能力的群众在产业发展中稳定就业，鼓励没有稳定就业能力的群众勤劳致富”的工作思路，保障不同年龄阶段人群就业，选聘配备村级就业社保协管员，开展现场招聘会，搭建服务平台，促进转移就业，富士康兰考园区的本地就业率达到 90% 以上。

二是鼓励支持自主创业。创新创业是激发农民创造力和提升农村发展活力的重要途径。兰考加大创业培训和孵化基地建设力度，发放创业担保贷款，支持本土农民创新创业，因地制宜发展农村电商、民宿经济、家庭农场等，开发农业农村资源，形成多层次、多样化的创业格局。

三是办好人民满意教育。乡村发展最终要靠人才，而人才的培养要靠教育。兰考实施农村学校“改薄”工程，新建改扩建乡镇寄宿制学校，完成 100 人以下教学点合理撤并，新招聘的教师全部安排到乡村，解决农村教育不平衡问题。

四是提升整体医疗水平。没有全民健康，就没有全面振兴。兰考对乡镇卫生院、村级卫生室进行标准化建设改造，实施了多项医疗救助政策，全面实施困难群众先诊疗后付费制度，全部开通“一站式”结算服务，方便了群众、减轻了负担。

五是持续强化住房保障。住房安全是保障群众基本生活条件的基础性工作。兰考加快老城区改造和安置房建设，持续推动棚户区改造，确保城乡居民人均住房面积达标率达到 64.5%，消除农村 D 级危房。

六是健全养老服务体系。随着城镇化进程的加快，农村空巢老人养老难

老人向扶贫干部讲说她的幸福生活

兰考县提升改造后的“三馆两场”见证了兰考的发展变化

是迫切需要解决的现实问题。兰考通过新建、改建乡镇敬老院，提升管理服务水平。现在的敬老院，院内有干净的食堂、活动室、服务人员，屋里都配上了空调，老人养老有了好去处。

兰考县社会福利和社会保险中心

兰考县举行的全民运动会

脱贫后的兰考在国庆 69 周年之际举行“歌唱祖国”大型歌会

眼下，全县上下加快发展的共识已经形成，广大干部群众思发展、议发展、谋发展的热情空前高涨，助力脱贫攻坚与乡村振兴有机衔接。兰考一手抓巩固提升，一手抓乡村振兴，做到脱贫攻坚和乡村振兴有机融合，进一步汇聚推动乡村振兴的合力，谱写新时代乡村全面振兴新篇章。

美丽村庄里奔跑的儿童

积力之所举，则无不胜也；众智之所为，则无不成也。实施乡村振兴战略是一项长期战略性任务，兰考县充分认识其重大意义，把实施乡村振兴战略摆在优先位置，力争让乡村振兴战略成为兰考快速发展的强大动力，成为全县的共同行动，让兰考成为乡村振兴的“示范县”。

采摘园里的孩子露出甜美的笑容

老人和孩子们幸福地奔走在乡间小路上

尾声

Ending

兰考，让世界相信未来

不忘初心，方得始终。兰考县党员干部在焦裕禄精神体验教育基地培训学习

脱贫的成果鼓舞人心，崇高的使命催人奋进。脱贫不是终点，小康才是方向，不忘初心，方得始终。

党的十八大以来，党中央从全面建成小康社会全局出发，全面打响了脱贫攻坚战。党的十九大，在把打好脱贫攻坚战作为全面建成小康社会的三大攻坚战之一的同时，又作出了实施乡村振兴战略的重大决策部署。习近平总书记指出，乡村振兴战略是关系全面建设社会主义现代化国家的全局性、历史性任务，是新时代“三农”工作的总抓手。

脱贫之后的兰考，经过两年多的巩固提升、稳定发展，在新时代中原更加出彩的使命担当中，重新确定了自己的目标：在把党的群众路线教育实践活动联系点建成彰显焦裕禄精神高地和稳定脱贫示范点的同时，争做全国乡村振兴示范点。

实施乡村振兴战略是一项长期战略性任务，是践行习近平总书记县域治理“三起来”的深刻体现，是满足人民群众美好生活期待的内在需要。兰考充分认识其重大意义，在稳定脱贫奔小康的征程中，注重脱贫攻坚与乡村振兴的有效衔接，一手抓巩固提升，一手抓乡村振兴，做到脱贫攻坚和乡村振兴有机融合，凝心聚力、集思广益，进一步汇聚推动乡村振兴的合力，持之以恒，久久为功，推动农业全面升级、农村全面进步、农民全面发展，让乡村振兴战略成为兰考快速发展的强大动力，让兰考乡村振兴在中原更加出彩中走在前、作示范。

眼下的兰考，县委、县政府高效有序，社会各界激情饱满，人民群众信心十足。深受习近平总书记关怀和焦裕禄精神熏陶的兰考党员干部，满怀感恩，意气风发，再接再厉，不停不歇，在“三起来”和“三股劲”春风化雨般鼓舞下，明确方向、再定目标、干在实处、走在前列，在新的征程上仍然在努力奔跑，仍然都是追梦人：小康目标近在咫尺，乡村振兴的蓝图越绘越清！

一棵树，一种精神，一个指引，一份向往。兰考的过去，兰考的今天，让我们有理由相信兰考的未来，相信中国的未来，相信世界的未来！

扫描二维码详看
《幸福是奋斗出来的》

县委常委班子成员在“焦桐”下集体宣誓

中央及河南重要媒体对兰考脱贫报道目录

1.《人民日报》：兰考脱贫（打赢脱贫攻坚战）2017-03-28

http://politics.people.com.cn/n1/2017/0328/c1001-29172810.html

2. 人民网：解密兰考之变（打赢脱贫攻坚战）2017-03-28

http://politics.people.com.cn/n1/2017/0328/c1001-29172836.html

3. 人民网：脱贫攻坚需要更多的兰考模式 2017-03-29

http://theory.people.com.cn/n1/2017/0329/c409497-29177876.html

4. 新华社：兰考成功脱贫　成河南省首个“摘帽”的贫困县 2017-03-27

http://politics.gmw.cn/2017-03/27/content_24067105.htm

5.《河南日报》：脱贫路上的兰考答卷：扶贫要靠拼 动力靠内生 产业拔穷根 2017-03-28

https://www.henandaily.cn/content/fzhan/sxzchuang/2016/1125/23828.html

6.《中国日报》：兰考“摘帽”是精准扶贫样本 2017-03-31

http://caijing.chinadaily.com.cn/2017-03/31/content_28762098.htm

7.《光明日报》：脱贫攻坚　为人民群众谋幸福 2017-10-21

http://epaper.gmw.cn/gmrb/html/2017-10/21/nw.D110000gmrb_ 20171021_1-09.htm

8.《河南日报》：脱贫之后新兰考 2018-01-06

https://www.henandaily.cn/content/fzhan/2018/0106/83310.html

9. 人民网 : 河南兰考：敢教日月换新天　群众圆了脱贫梦 2018-04-27

http://ha.people.com.cn/n2/2018/0427/c356896-31514582.html

10. 新华网：从"兰考之问"到兰考巨变　一份脱贫奔小康的漂亮答卷 2018-09-06

http://www.xinhuanet.com/2018-09/06/c_1123388983.htm

11. 新华网：河南兰考县社会扶贫"1+3"模式助力贫困群众稳定脱贫奔小康 2018-12-30

http://www.ha.xinhuanet.com/news/2018-12/30/c_1123927527.htm

12.《河南日报》：小构树变成致富"摇钱树"2018-09-21

http://tuopin.ce.cn/news/201809/21/t20180921_30363317.shtml

后 记

EPILOGUE

看完这本书，爱上这个县

郭晋平

走出气势恢宏的高铁站，坐上穿越全城的免费公交，行进在干净整洁、独具特色的兰考县城，你会不知不觉爱上兰考。

脱胎换骨的变化，群情激昂的氛围，看完《中国脱贫攻坚　兰考故事》这本书，相信你会和我一样，打心里爱上兰考。

当《中国脱贫攻坚　兰考故事》最后一次校对结束，准备开印时，这个关于兰考脱贫的故事讲完了，但我心里对兰考的爱却愈发浓厚，持续发酵，我想把这本书编撰过程中感受到的各种爱分享给大家。

为什么这么多人爱兰考？作为《中国脱贫攻坚》故事系列丛书的第一本，兰考因为独特的成绩受到了国务院扶贫办的垂爱，从开始编辑到最终付印，从内容修改到图片更换，从政治高度到故事细节，兰考每时每刻都能感受到来自党和国家的爱。负责本书出版的研究出版社，为本书多次把关的河南省委宣传部、河南省扶贫办等上级单位，华中师范大学吕方教授等专家学者，更是为兰考倾注了各种无私的关爱。大家说，因为兰考扶贫工作做得扎实，做得令人骄傲，正是榜样的力量，让大家如此热爱兰考。

为什么兰考干部值得爱？无论决战脱贫攻坚，还是出版《中国脱贫攻坚　兰考故事》，兰考干部的认真劲、拼搏劲总是令人难忘。从接到筹备任务后，县委书记蔡松涛就亲自组建编委会班子，县政协、县委办、政府办、县委宣传部、县委组织部、扶贫办等领导，各乡镇党委书记、各局委领导，作为成员全程参与该书筹备工作。经过 12 次编委会讨论修改，最终在 30 多万字一手资料、6000 多幅图片、200 多段视频的基础上，完成了《中国脱贫攻坚　兰考故事》的定稿任务。通过本书的出版，兰考进一步完善丰富了脱贫数据库，从上至下对扶贫工作有了一个系统性的、全面性的、科学性的认识。通过本书的出版，也让我们认识了一个全新的兰考干部队伍形象，逻辑清晰、视野开阔的以蔡松涛书记为班长的县领导班子，高效敬业、无私奉献的县扶贫办和一线扶贫干部团队，热情务实、向上好学的乡镇基层干部队伍，都向我们诠释了“拼搏兰考”的深刻内涵。而最令人难忘的、最让大家感动的人，则是编委会执行主任、被大家亲切地称为“兰考扶贫活字典”的县政协主席吴长胜。在全书编写过程中，他对数据的严谨作风，对事实的较真态度，对业务的精准程度，让人钦佩，让人羡慕，兰考有这样一位老领导，真好。为什么兰考党员干部如此让人热爱，了解了本书的编写过程，你自然就会知道答案，因为兰考干部不仅把“以人民为中心”竖在大街上，而且把这条准则矗在心目中、放在行动上，所以大家工作起来总有取之不尽、用之不竭的动力，始终信心满怀、精神抖擞，兰考干部的良好形象也就这样深入人心了。

为什么兰考百姓心里都是爱？在《中国脱贫攻坚　兰考故事》的编采过程中，我们走进了兰考不少乡村和社区贫困户家庭里，在倾听他们讲述脱贫过程的感动与难忘之际，深深地感受到了他们心中的感激之情。三义寨乡的高党辉，有一个弟弟和两个妹妹，7 岁时失去父亲，母亲精神残疾，但在考上大学，受到国家教育扶贫政策和社会各界关怀与资助时，他说他是世界上最幸福的人；仪封乡秦寨村脱贫户魏海鹏在扶贫政策帮助下，从大病死亡边缘返回来时，我们从他流着泪却满脸笑容的神情中，能真切地感受到生命重生的惊喜和希望；谷营镇拆迁安置户郭三孬搬进新房后，不仅告别了以前住土坯房的恐惧，最关键的是生活变了，以前在老房住时 4 个外孙都不愿意来他家里，现在一放假，都闹着要到姥爷家来玩，拆迁安置让他看到了这辈子原来想都不敢想的快乐与幸福。国家的脱贫政策，让老百姓离“中国梦”越来越近，心中有梦就有力量，心中有梦就有爱。走在兰考的乡村，你处处都会感受到这种因为脱贫，因为生活变幸福而弥漫在空气中、浸透在言行中的爱。

如果说，焦裕禄精神是兰考的一张名片，一棵树、一段历史、一个指引、一份向往，是1.0版的兰考，那么，以爱为动力、以拼搏为核心的兰考脱贫攻坚精神，已经成为兰考的又一张名片，《中国脱贫攻坚　兰考故事》就是这张名片的精华版，它是一本书，一种情怀，一段征程，一次重塑，是2.0版兰考的精确呈现。

兰考百姓常说，他们庆幸生在了这个时代，是脱贫攻坚，让他们更加热爱党，热爱国家，热爱兰考，他们要把这种爱延续下去，扩散开来，以凝聚更多人齐心协力去实现“中国梦”。

如今的兰考，全县上下正在探索谋划以乡村振兴为核心的3.0版发展蓝图，《兰考故事》的续集，还会更精彩……

本书编写组

2019年9月